René Wiessler

Das Bleistift-Hochhaus

René Wiessler

# Das Bleistift-Hochhaus

## Befund: Schizophrenie

Erweiterte Neuauflage    CinVoy

Gewidmet meiner Frau Ruth,
die alle diese Strapazen tapfer ertragen hat.

CinVoy
Verlag Cinema Voyage®
Ergänzte und vollständig überarbeitete 2. Auflage
Sämtliche Rechte sind vorbehalten
Copyright © 2014 by René Wiessler

Lektorat:
Judith Guntern, Deutschlehrerin
Monika Popp, Lektorin

Fotos aus dem Familienarchiv
Umschlagsgestaltung: René Wiessler
Zeichnungen: Matthias Wiessler

Printed in Germany

**ISBN: 978-3-907650-15-8**

## Zu diesem Buch

Die erste Auflage erschien 2012 in einem Basler Verlag. Die vorliegende zweite Auflage hat der Autor in den Jahren 2013/14 vollständig neu überarbeitet und mit Originalfotos sowie Zeichnungen von Matthias ergänzt. Es sind auch drei neue Kapitel am Schluss des Buches dazu gekommen:

> Die **aktuelle Situation** von Matthias im Februar 2014;
>
> **Tiergeschichten**, welche Matthias im Auftrag seiner behandelnden Psychologin geschrieben und dazu Tierzeichnungen angefertigt hatte;
>
> **Ausblick:** Die OECD mit ihrem Vorschlag zur Zurückführung psychisch Kranker in den Arbeitsprozess.

Herausgeber dieses Buches ist der eigene Filmverlag des Autors, der Verlag Cinema Voyage.

Die Idee zu diesem Buch entstand, als mir bewusst wurde, dass ein Prozent der Bevölkerung an Schizophrenie leidet und dass es jedermann treffen kann. Es soll ein Trost sein für alle, die ein Familienmitglied haben, das von dieser schrecklichen Krankheit betroffen ist und die dem Umgang mit den Behörden, mit Ärzten, Arbeitgebern und mit der eigenen Familie oft ratlos gegenüberstehen. Immer wieder findet sich eine helfende Hand, man muss diese nur erkennen. Da ich eine Familienchronik führe, konnte ich die Daten zu diesem Buch exakt eruieren. Es ist kein wissenschaftlicher Bericht, sondern ein Report. Er soll zeigen, wie wir Eltern die Krankheit unseres Sohnes Matthias erlebt haben.

Die Namen der Personen wurden geändert. Eine Ähnlichkeit der Namen mit solchen von lebenden Personen kann deshalb nur ein Zufall sein. Bei privaten Kliniken und den Wohngemeinschaften sind die Namen ebenfalls geändert. Hingegen sind die Namen der kantonalen Spitäler etc. authentisch. Die korrekten Bezeichnungen der Ortschaften und der Medikamente wurden aus informativen Gründen belassen.

# Der Autor

René Wiessler wurde am 29. September 1944 in Basel geboren. Die Kindheit hat er in Basel verbracht. Der Vater war Herrenschneider, die Mutter Modistin. Er hatte eine ältere Schwester, Edith, die aber 1983 an Herzversagen starb.

Schon in jungen Jahren zeigte René Wiessler grosses Interesse an Reisen, an der Natur und Musik. Besonders begeistern konnte er sich aber seit seinem zwanzigsten Lebensjahr fürs Filmemachen und Fotografieren.

Im Jahre 1969 heiratet René Wiessler Ruth Nägelin. Es geht 1972 der Sohn Matthias aus dieser Ehe hervor (um welchen es sich in dieser Geschichte handelt). Drei Jahre später kam Adoptivsohn Markus dazu, dieser war damals knapp ein Jahr alt.

Zunächst machte René Wiessler eine Berufslehre bei Sandoz als Laborant. Nach einem Chemie-Studium an der Ingenieurschule in Muttenz, der späteren Fachhochschule, hat er viele Jahre in der chemischen Forschung der Basler Chemie gearbeitet. In dieser Zeit machte er mehrere geschäftliche Reisen in die USA. Im Jahr 1989 wechselte er den Beruf und wurde Lehrer an der Allg. Gewerbeschule in Basel. Dazu besuchte er das kantonale Lehrerseminar und belegte dort naturwissenschaftliche und mathematische Fächer. Dieses Nachdiplomstudium berechtigte ihn später dazu, ein Fachhochschul-Diplom in Empfang zu nehmen. Er unterrichtete bis zu seiner Pensionierung hauptsächlich Chemie, Physik und Mathematik. Seine Schüler waren Lehrlinge für die Berufe Laboranten und Chemikanten.

In den 1980er-Jahren war René Wiessler nebenberuflich tätig als Kolumnist für die Zeitschrift „VIDEO*aktiv*" des Verlagshauses Vereinigte Motorenverlage in Frankfurt am Main. Er führte für diesen Verlag während einiger Jahre praktische Video-Kurse in Deutschland mit von ihm verfassten Kursunterlagen durch. Aus dieser Arbeit erschien ein Sonderdruck mit dem Titel „Filmen kann man lernen", der Ende der 1980er-Jahre im Zeitschriftenhandel erhältlich war.

Im Jahr 1999 gründete René Wiessler den Film-Verlag „Cinema Voyage" und produzierte einige 16mm-Filme und Tonbildschauen, später Video-Filme. Thema ist jeweils das Reisen in der Schweiz und im Mittelmeer-Raum. Diese Filme kann man nicht kaufen, sie können für eine Vorführung mit Live-Kommentar durch den Autor angefordert werden.

Seit seiner Pensionierung hat René Wiessler mit dem Schreiben von Büchern begonnen. Heute lebt er zusammen mit seiner Frau Ruth und dem psychisch behinderten Sohn Matthias in Reinach BL.

Persönlich erlebe ich René Wiessler als ein Multitalent mit enorm vielen Erfahrungen, Interessen und Träumen, die er mit bewundernswerter Energie immer wieder in die Tat umzusetzen weiss. Nicht zuletzt kann sein Engagement für uns alle ein Wegweiser für ein erfülltes, sinnvolles Pensionsalter sein.

Karin Christinat, *Ehefrau seines Studienkollegen René Christinat.*

**Inhaltsverzeichnis:**                                     Seite

Vorwort . . . . . . . . . . . . . . . . . . . . . . . . . . . . . 11

1. Mit Matthias in Frankfurt am Main . . . . . . . . . . . 13
2. Ganz am Anfang war die Welt noch in Ordnung . . . . . . 26
3. Er war immer ein fröhliches Kind . . . . . . . . . . . . . 36
4. Fünf Jahre vor Beginn der Krankheit . . . . . . . . . . . 44
5. Zwei Jahre vor Beginn der Krankheit . . . . . . . . . . . 59
6. Ein Jahr vor Beginn der Krankheit . . . . . . . . . . . 70
7. Als für Matthias die Sterne vom Himmel fielen . . . . . . 77
8. Der lange Kampf beginnt . . . . . . . . . . . . . . . . 92
9. Es kommt noch schlimmer . . . . . . . . . . . . . . . 102
10. Wilde Wolken jagen . . . . . . . . . . . . . . . . . . 120
11. Wieder unterwegs . . . . . . . . . . . . . . . . . . . 132
12. Ich fasse einen Plan . . . . . . . . . . . . . . . . . . 137
13. Ein Silberstreifen am Horizont . . . . . . . . . . . . . 148

14. Ein Jahr des Umbruchs . . . . . . . . . . . . . . . . . . 152

15. Es wird alles gut!. . . . . . . . . . . . . . . . . . . . . 157

16. Wieder in Frankfurt am Main. . . . . . . . . . . . . . 165

17. Matthias heute. . . . . . . . . . . . . . . . . . . . . . 171

18. Matthias' Tiergeschichten . . . . . . . . . . . . . . . 176

19. Ausblick . . . . . . . . . . . . . . . . . . . . . . . . . 190

20. Verzeichnis der Abbildungen . . . . . . . . . . . . . 191

## Vorwort

Wie schnell sich alles ändern kann, das haben meine Frau Ruth und ich an unserem psychisch erkrankten Sohn Matthias erfahren müssen. Matthias wurde am 25. April 1972 im Bezirksspital Dornach bei Basel geboren. Es gab keinerlei Komplikationen. Er war gesund.

Matthias war immer ein fröhliches Kind und voller Fantasie. Er war auch mit seinen Grosseltern von Ruths Seite sehr oft zusammen und wurde von ihnen sehr geliebt. Matthias ist nicht von Anfang an krank gewesen. Allerdings fiel schon auf, dass Matthias sehr langsam war, über wenig Selbstvertrauen verfügte und immer eine leitende Hand brauchte, die ihn führte. Diese fand er vor allem bei seiner Mutter, meiner Frau Ruth.

Wenn Matthias Kummer hatte, wandte er sich stets an sie. Sie konnte ihn wieder aufrichten. Dagegen schaute Matthias mich als „Lieben Gott" an, der alles weiss und alles kann. Wenn er etwas wissen wollte, im Einzelnen und überhaupt, dann wandte er sich stets an mich. Wenn Ruth ihm einen Sachverhalt erklärte, dann sagte er: „Da muss ich erst Papi fragen, ob das auch wirklich so ist!"

Ich selber musste schon mit achtzehn Jahren auf eigenen Füssen stehen. Das kann Matthias nicht. Heute ist er 42 Jahre alt und noch immer auf unsere Hilfe angewiesen. Ich bin sein Vater und sein Beistand.

Der Absturz kam damals, nachdem ihm zum dritten Mal die Lehrstelle gekündigt wurde. Er wollte Krankenpfleger PKP (Praktische Krankenpflege) werden. Es zeigte sich aber, dass er selber ständig eine Person zu seiner eigenen Betreuung brauchte. Niemand konnte ihm das bieten. Er war den Anforderungen nicht gewachsen, die die Arbeitswelt an ihn stellte. In den Sommerferien 1994 brach er zusammen, als ich mit ihm alleine in Südfrankreich an einem fernen Strand beim Zelten war.

Dies ist seine Geschichte.

## 1. Mit Matthias nach Frankfurt am Main

Es ist Dezember 2002. Matthias ist seit acht Jahren krank, hat aber nun das Schlimmste hinter sich. Ich will ihm eine Freude machen und fahre mit ihm in sein geliebtes Frankfurt am Main.

Der Intercity gleitet wie auf Flügeln durch die dicht bewaldete Landschaft. Matthias sitzt mir gegenüber und verhält sich Gott sei Dank ruhig. Ich habe schwere Bedenken gehabt, mit ihm in den Zug zu steigen, denn er hat Angst vor den Leuten. Wenn ihn jemand direkt anschaut, kann er in Panik geraten, weil er glaubt, man könne seine Gedanken lesen. Er muss als schwer psychisch krank eingestuft werden.

Matthias hat mir in der Vergangenheit immer wieder in den Ohren gelegen, er wolle wieder einmal nach Frankfurt am Main. Ich war mit ihm bereits vier- oder fünfmal dort. Vor allem die Wolkenkratzer haben es ihm angetan. Besonders der Messeturm, von Matthias wegen seines spitzen Daches „Bleistift-Hochhaus" genannt, der ihn wohl an einen gespitzten Bleistift erinnert.

Er deutet mit dem Kopf hinaus: „Ist das schon der Frankfurter Stadtwald?" Diese Frage erstaunt mich. Einerseits signalisiert sie mir, dass er gut gelaunt ist, weil er real denken kann. Andererseits weiss ich genau, dass seine Geografie-Kenntnisse ausgezeichnet sind. Geografie ist sein Hobby, da kennt er sich bestens aus. Da wir noch im Raum Mannheim sind, kann das ja gar nicht der Frankfurter Stadtwald sein. Ich schaue Matthias stumm an, bis er sagt: „Nein, wir sind ja noch bei Mannheim! Dann ist das wohl der Mannheimer Stadtwald?" Aus seiner Frage dringt sein Humor durch, denn Matthias schaut mich verschmitzt an.

Obwohl wir den frühen Zug um 07.12 Uhr ab Basel Bad. Bahnhof genommen haben, sind die Abteile brechend voll. Zwei Männer gehen durch die Reihen, einer ruft: „Wir geniessen das Leben in vollen Zügen!"

„Magst du ein Sandwich?", frage ich Matthias. Ich erinnere mich, dass er nie frühstückt.

„Nein, ich habe keinen Hunger", entgegnet Matthias knapp und ergänzt: „Aber das Cola kannst du mir schon geben!"

„Du musst doch etwas essen!", meine ich und strecke ihm ein Brötchen entgegen, dazu eine PET-Flasche Cola.

Stumm isst er und schaut hinaus.

„Fahren wir bald wieder nach Freiburg im Breisgau?", fragt Matthias.

„Jetzt fahren wir zuerst einmal nach Frankfurt!", beschwichtige ich ihn.

Solche Fragen bin ich gewöhnt. Wenn wir nach Frankreich reisen, will er nach Italien. Sind wir in Berlin, will er nach Paris.

„Was willst du in Freiburg denn machen?", frage ich.

„An der Dreisam spazieren gehen!"

„Jetzt werden wir halt am Main spazieren gehen."

Matthias verdrückt den Rest seines Brötchens und schaut hinaus.

„Aber jetzt ist es der Frankfurter Stadtwald!", ruft er laut. Ich schaue hinaus und sehe einen kahlen Wald ohne jegliches Grün vorbeigleiten.

„Mag sein!", meine ich und erblicke ein Strassenschild von Frankfurt am Main.

„Du hast recht, diesmal ist es der Frankfurter Stadtwald!"

Matthias fragt: „Ist eigentlich das Ortsschild von Frankfurt exakt an der Stadtgrenze aufgestellt?"

„Kaum. Die stellen das Schild dort auf, wo es den Verkehr am wenigsten behindert und wo es am besten gesehen wird."

Matthias: „Ich wünsche mir aber, dass Ortstafeln immer exakt an der Ortsgrenze aufgestellt werden!"

Im Lautsprecher knackt es, eine formell klingende Stimme ertönt: „In wenigen Minuten erreichen wir Frankfurt am Main, Hauptbahnhof!"

„Hüpt Bühüf", sagt Matthias. Er liebt es, die Abkürzung „Hpt. Bhf." so auszusprechen. Ich bin froh, dass er seinen Humor walten lässt. Doch ich bin mir bewusst, dass im nächsten Moment wieder seine Angst aufkommen kann. Das kommt ohne Vorzeichen ganz plötzlich. Mitten im Satz kann es ihn wieder erwischen. Wir ziehen die Jacken an, denn es ist sehr kalt draussen, dazu noch dieses Regenwetter.

Den Hauptbahnhof verlassend betreten wir den Bahnhofplatz. Gegenüber erkenne ich das Hotel, in dem wir beim letzten Besuch schon waren.

Matthias deutet auf den Messeturm und ruft: „Schau da drüben, das Bleistift-Hochhaus!!!" Die Leute in unserer Umgebung schauen sich um und lachen, als sie den Ausdruck „Bleistift-Hochhaus" hören.

„Mein Bleistift-Hochhaus! Ich fühle mich wohl, wenn ich hier bin", ruft Matthias begeistert aus.

Wir überqueren den Fussgängerstreifen zu den Hotels. Da, mitten auf dem Zebrastreifen, liegt eine tote Taube. Sie ist allem Anschein nach von einem Auto überfahren worden, denn sie ist flach wie eine Zeitung. Matthias deutet auf das tote Tier und ruft entsetzt: „Nein, schau mal das arme Tier! Nein, nein, wie ist das passiert?"

„Das war so …", beginne ich, „Diese Taube spazierte friedlich dahin und pickte gerade ein Körnchen auf, als sie von einem Auto von hinten überrascht wurde." Als ob ich das wissen könnte!

„Ja, warum konnte sie dann nicht wegfliegen?"

Ich erfinde eine Geschichte: „Sie konnte zwar noch auffliegen, wurde aber vom Auto erfasst und zu Boden gedrückt. Da kam sie halt unter die Räder des Autos, das sie dann direkt überfahren hat."

Matthias stoppt seinen Gang und kehrt zu der toten Taube zurück. Ich rufe laut: „Halt, halt, unser Signal steht auf Rot! Du darfst nicht bei Rot auf den …"

Doch Matthias lässt sich nicht zurückhalten, er geht zu dem toten Vogel und hätte sich beinahe hingekniet.

„Das arme, arme Tier!" höre ich ihn sagen. „So etwas Trauriges habe ich noch nie gesehen." Er ist dem Weinen nahe.

Ich sehe einen Taubenschwarm zu den Dächern hochfliegen und sage zu Matthias: „Die einen liegen tot am Boden, die anderen steigen zum Himmel auf. Sie können überall hinfliegen wo sie wollen, sie haben sich nicht um die Toten zu kümmern. Auch wir können überall hingehen, wo wir wollen. Und merke dir: Eines Tages werden auch wir so daliegen. Aber bevor das kommt, wollen wir noch etwas erleben. Komm jetzt, wir wollen Frankfurt sehen!" Ich ziehe ihn am Arm weiter und er trottet neben mir her.

Die Fassade eines Hotels türmt sich vor uns auf. Wir betreten die Rezeption, ein freundlicher Mann empfängt uns. Auch ohne Voranmeldung bekommen wir sofort ein Zimmer. Hinter uns sitzen zwei Männer auf einer Polstergruppe. Ich höre den einen sagen: „Das sind auch zwei Schwule! Es würde mich interessieren, welcher die Frau spielt."

Ich wende mich um und sehe zwei bierbauchige alte Männer auf dem Sofa sitzen. So wird man eingestuft, wenn man mit dem erwachsenen Sohn unterwegs ist, denke ich bei mir.

Auf dem Hotel-Meldeformular füge ich „mit Sohn" ein. Auch die werden das nicht glauben. Wir bekommen Zimmer Nummer 314. Ich nehme eine Visitenkarte des Hotels an mich, für Matthias. Wir fahren mit dem Lift ins dritte Stockwerk und belegen unser Zimmer. Auf meinen Wunsch hat es zwei separate Betten.

„Wollen wir in einem Restaurant zu Mittag essen?", frage ich Matthias. Eigentlich wollte ich mit dieser Frage nur checken, ob er noch O.K. ist.

„Au ja, Spaghetti Napoletana." Damit ist klar, dass es ihm gut geht. Wir verlassen das Hotel und biegen in die nahe Kaiserstrasse ein. Diese Strasse führt direkt zur Hauptwache, unserem ersten Ziel. Matthias deutet auf einen dieser Metall-Pfosten auf dem Trottoir, welche die Autos daran hindern sollen, auf dem Trottoir zu parkieren. Matthias ruft froh: „Schau mal diese Pfosten! Wir sind wieder in Frankfurt!!!"

Ich stecke Matthias die Visitenkarte des Hotels in seine Tasche: „Für alle Fälle, wenn wir uns verlieren sollten. Dann hältst du ein Taxi an, steigst ein und zeigst dem Fahrer diese Karte."

Matthias hat selber kein Geld bei sich, er lässt es immer zu Hause. Das müssen wir bei Gelegenheit einmal ändern! Das Problem ist nur, dass er gar kein Geld bei sich haben will. Hingegen akzeptiert er ohne weiteres, dass ich für ihn Geld auslege und es später von seinem Bankkonto wieder beziehe.

„Wir könnten gleich im Café zur Hauptwache essen, allerdings haben die dort kaum Spaghetti!", schlage ich zögernd vor. „Nein, ich will Spaghetti – oder wenigstens eine Pizza!" – „Gut, dann suchen wir ein italienisches Restaurant."

Aber zunächst betreten wir dennoch das Café zur Hauptwache. Es ist um die Mittagszeit derart überfüllt, dass wir nur mit knapper Not zwei Sitzplätze bekommen. Wir bestellen zwei Tassen Kaffee.

Am selben Tisch sitzt eine Frau mittleren Alters mit zwei jüngeren Frauen. Ich beginne ein Gespräch mit der Frau und vermute, dass die beiden jüngeren Frauen ihre Töchter sein könnten.

„Genau erraten, wir sind eine Familie!", sagt die Frau stolz. „Ist das Ihr Sohn?"

„Ja, es ist mein Sohn, auch wir sind eine Familie. Wir könnten uns zusammentun, dann wären wir eine Grossfamilie!" Die beiden Töchter kichern.

Matthias ist stumm, aber unruhig. Er flüstert mir zu: „Ich gehe hinaus wenn du bezahlst, ich will keine Zufälle!" Er meint damit, es könnte sein, dass er den Betrag, den ich zahlen muss, schon gewusst habe und dass das mit Gedankenlesen zu tun haben könnte. Ein erstes Anzeichen, dass sich seine Angst anbahnt. Es dauert sehr lange, die Serviertochter kommt und kommt nicht. Matthias verlässt bereits das Lokal.

Die Frau fragt mich: „Musste Ihr Sohn zur Arbeit, dass er so plötzlich weg ging?" Ich schaue aus dem Fenster und sehe Matthias draussen umhergehen.

„Nein, nein, er hat Angst vor den Leuten; er ist behindert!"
„Man hat aber von einer Behinderung gar nichts bemerkt. Wie ist er denn behindert?"
„Er leidet an Schizophrenie. Er ist hinausgegangen, weil es ihm hier zu viele Leute hat."
„Was ist Schizophrenie?", will die Frau wissen.
„Diese Frage ist nicht einfach zu beantworten", erkläre ich. „Es gibt verschiedene Formen von dieser Krankheit. Bei unserem Sohn zeigt sich die Schizophrenie in hysterischen Angstzuständen, er rastet dann aus. Dabei kann er durchaus zu toben beginnen!"
Die Frau fragt weiter: „Kann das nicht gefährlich werden?"
„Für ihn schon, nicht für andere. Wenn er seine Angstzustände bekommt, dann will er nicht mehr leben. Aber er ist gegenüber Dritten noch nie gefährlich geworden."
Die Töchter der Frau hören stumm zu. Da fragt mich die eine: „Sind Sie im Pflegeberuf tätig?"
„Nein, ich bin Lehrer an einer Berufsschule!"
Die Frau fragt weiter: „Bekommt er denn eine finanzielle Unterstützung?"
Mein Instinkt meldet mir, dass diese Frage gefährlich ist. Es könnte jetzt leicht in Missmut umschlagen, denn ich weiss ja nicht, ob diese Frau nicht ähnliche Probleme hat. Zudem beginnt übermorgen in Deutschland ein Generalstreik der staatlich Bediensteten, so dass ich leicht Öl ins Feuer giessen könnte. Ich weiche aus: „Es wird für ihn gesorgt!"
Da erblickt mich die Serviertochter. Ich winke sie herbei und zahle rasch. Zu der Frau gewandt sage ich: „Ich muss zu ihm gehen. Ich wünsche euch einen schönen Tag ... trotz des schlechten Wetters!"
Die drei Frauen lachen nicht.

Matthias steht draussen und geht wie ein Löwe im Käfig hin und her.
„Wollen wir jetzt Spaghetti essen?", frage ich ihn.
Matthias: „Ja, da drüben bei der Konstabler Wache kennen wir doch an der Ecke ein italienisches Restaurant. Da könnten wir wieder hin!"

Wir gehen der Zeil entlang – der Geschäftsstrasse, wo die grossen Warenhäuser sind – vorbei an vielen Leuten. Als wir die Konstabler Wache erreichen, suchen wir umsonst „unser" Restaurant. Da wird mir klar, dass es dieses Restaurant gar nicht mehr gibt. Ein Fast-Food-Restaurant hat seinen Platz eingenommen.

„Es gibt das Restaurant nicht mehr!", gebe ich zu. Matthias ruft voller Entsetzen: „Nein, nein, warum machen die alles kaputt. Jetzt haben die mein Restaurant abgerissen!"

„Sie haben es nicht abgerissen, nur der Besitzer hat gewechselt!"

Matthias beginnt laut zu schreien: „Aber die können doch nicht alles kaputt machen! Warum muss immer alles verschwinden, was einmal war? Ich will mein Restaurant wieder, sie haben es mir genommen!" Er will sich die Jacke vom Leib reissen und schmeisst schon die Mütze auf den Boden.

„Ich will nicht mehr leben, ich bringe mich um!"

Die Leute beginnen nach uns zu schauen. Jetzt hat es ihn voll erwischt. Er tobt und schaut mich mit diesem typisch weltfremd verzerrten Blick an.

„Diese Idioten machen alles hin, warum konnten die mein Restaurant nicht in Ruhe lassen!" Matthias vollführt einen wilden Tanz und macht Anstalten, mit dem Kopf gegen eine Wand zu rennen. Ich weiss, was zu tun ist, und es muss schnell gehen. Es geht darum, ihn zu isolieren. Wie komme ich rasch ins Hotelzimmer? Mit einem Taxi? Woher so schnell nehmen? Weiter unten sehe ich eine Strassenbahn-Haltestelle, ein Tram läuft gerade ein Richtung Bahnhof. Ich packe Matthias und ziehe ihn weg. Er folgt mir ohne Widerstand. Ich schubse ihn durch die vordere Tür und rufe ihm zu: „Du bleibst hier!"

Ich betrete die Strassenbahn bei der hinteren Tür. Auf diese Weise sieht er mich nicht direkt und bleibt eher ruhig und ich bin doch in der Nähe, wenn etwas wäre. Es besteht in solchen Momenten immer die Gefahr, dass er sich von jemandem angeschaut fühlt und diese Person dann anspricht. Aber er bleibt ruhig. So fahren wir zum Hotel zurück.

Beim Bahnhof gebe ich ihm ein Zeichen, dass wir aussteigen müssen.

„Geh du allein Frankfurt besichtigen, ich habe zu viel Angst!", sagt er zu mir. Im Zimmer angekommen besprechen wir das Weitere. Er ist jetzt ganz ruhig geworden und geht von selbst ins Bett. „Lass mich hier, ich habe das Doggeli!"

„Willst du nicht etwas essen, du hast noch gar nichts Richtiges gehabt heute?", frage ich.

„Bring mir zwei Hamburger und Pommes frites mit. Vergiss das Cola nicht! Ich bleibe hier", antwortet Matthias.

Ich gebe ihm seine Medikamente, hundert Milligramm Leponex. Das ist das Doppelte von dem, was er um die Mittagszeit nehmen muss. Dieses Medikament haben wir immer dabei. Am Morgen früh muss er 50 Milligramm Leponex nehmen, mittags nochmals 50 mg und am Abend 200 mg. Er darf während des Tages nicht zu viel davon nehmen, weil es ihn sehr müde macht.

Ich bleibe noch eine Weile bei ihm im Zimmer. Er schläft sofort ein. Die Tür lasse ich unverschlossen und nehme den Schlüssel mit. Im Flur warte ich noch ein paar Minuten vor dem Lift, um zu prüfen, ob Matthias im Zimmer ruhig bleibt. Als sich nichts mehr regt, fahre ich mit dem Lift nach unten und gebe den Schlüssel an der Rezeption mit dem Hinweis ab: „Mein Sohn bleibt oben, das Zimmer ist offen. Es geht ihm nicht gut!"

Ich betrete die Strasse und fahre mit der Strassenbahn Nummer 11 zurück zur Hauptwache. Wie ich kurz darauf den alten Platz am Römer betrete, sehe ich einen wunderschönen Weihnachtsmarkt. Für Ruth kaufe ich ein hübsches Windlicht mit Kerze. Dann begebe ich mich noch zum grossen Büchergeschäft nahe der Hauptwache. Jede Etage ist so gross wie eine Turnhalle. Ich kaufe ein Buch, einen Roman mit dem Titel „Berlin Alexanderplatz" von Alfred Döblin. Dieses Buch gilt als offizieller Stadtroman von Berlin. Ich wollte es schon immer lesen.

Meine Gedanken gehen zu Matthias, der jetzt in seinem Zimmer liegt und nicht am Leben teilhaben kann. Wenn man ihm nur helfen könnte. Die behandelnden Ärzte meinen, sein Zustand werde sich jetzt nicht mehr wesentlich verändern, weil die Krankheit nun schon einige Jahre dauere. Wir sollen nur darauf achten, dass wir nicht selber krank werden.

Matthias ist jetzt dreissig Jahre alt und müsste einen Beruf und eine Frau haben. Stattdessen hat er Angst vor dem Leben und klammert sich an Ruth und mich. Was, wenn wir einmal nicht mehr da sind?
„Es ist enorm wichtig, dass Sie ihn die alltäglichen Kleinigkeiten selber machen lassen!", hatte uns die behandelnde Psychologin Frau Ursula Rathgeb ermahnt. „Sonst läuft er Gefahr, dass er hilflos und verloren ist, wenn Sie einmal nicht mehr da sind!"

Ein Glockenschlag von der nahen Katharinenkirche holt mich in die Wirklichkeit von Frankfurt zurück. Ohne Hamburger und Cola kehre ich zum Hotel zurück. Als ich den Korridor zum Zimmer betrete, steht dort Matthias und schaut mir entgegen: „Ich hörte dich husten."
Er bemerkt, dass ich keine Hamburger habe. Ich beruhige ihn: „Komm, wir gehen in ein tolles Restaurant, wo es Pizza oder Spaghetti gibt."
„Ist es nicht weit?" – „Nein, nur um zwei Ecken. Ich habe es vorhin entdeckt!"
So ziehen wir los. Er mit langen Schritten voraus, so dass ich ihm kaum folgen kann. Er wendet den Kopf: „Ich habe Hunger wie ein Werwolf!"
„Kunststück, du hast heute auch erst ein Brötchen gegessen!"
Schon taucht das Restaurant auf, es hat nur zwei Leute drin. Ideal für uns! Wir setzen uns in die entfernteste Ecke. Der Kellner kommt sofort mit der Karte. Matthias wirft nur einen flüchtigen Blick drauf und bestellt Pizza ai Funghi. Ich bestelle Spaghetti Napoletana.

„Heute Abend können wir auf den Mainwiesen spazieren gehen", meint Matthias. Ich konstatiere, dass sich sein Zustand normalisiert hat. Also gehen wir nach dem Essen an den Main hinunter zum

Schaumain-Kai und schauen über das Wasser zu den beleuchteten Wolkenkratzern empor.

„Ist es nicht toll hier!", ruft Matthias entzückt und kann den Blick nicht von den Wolkenkratzern wenden.

Er meint: „Eines Tages bleibe ich ganz in Frankfurt!"

„Reichen zwei Wochen nicht auch?", wende ich ein.

„Nein, es muss für immer sein!"

„Gefällt es dir denn in Basel nicht mehr?"

„Doch, doch, aber hier gefällt es mir einfach noch besser!"

Vor uns sehen wir im Dunkeln Leute am Main. Matthias stockt und will nicht dort vorbei. Ich sehe, es sind Kinder und ein Mann.

„Dort ist ein anderer Papa und ein anderer Matthias!", beschwichtige ich ihn. Wir gehen vorbei und hören, wie die Kinder lachen und herumtollen.

Dann kommen wir in den Bereich einer Brücke. Ich schlage vor, dass wir hinüber ins Stadtzentrum gehen. Wir könnten ja noch irgendwo einen Kaffee trinken.

„Nein, ich will hier gehen, bis es nicht mehr weiter geht", ist seine Antwort.

So gehen wir weiter. Seine Stimmung wird immer besser. Es begegnet uns ein Mann mit zwei Dackeln. Schon dringt sein Humor durch und er zitiert: „Er hat ein Doppel-Dackel-Delirium!" (aus einem Dick und Doof-Film). Oder: „Haben Sie das geseh'n, können Sie das versteh'n, und so was wagt mir über den Weg zu geh'n?" (aus dem Schweizer Film „Der Teufel hat gut lachen"). Seine Fröhlichkeit wirkt ansteckend, und so lachen wir auf den Mainwiesen herum, dass die Leute nur so schauen.

Wir scherzen darüber, wie wir reagieren würden, wenn jetzt ein Räuber käme und uns einen Revolver vor die Nase halten und Geld fordern würde. Matthias: „Wir fangen an zu weinen und sagen: Sie können uns doch nicht berauben, wir haben ja selber nichts zu essen", schlägt Matthias vor.

Oder: „Von mir kriegen Sie nichts und von meinem Sohn das Doppelte", schlage ich vor.

Dann konstruieren wir einen Witz über diese Situation: Ein Basler geht nachts in Frankfurt auf den Mainwiesen spazieren. Da kommt ein Räuber daher und hält ihm den Revolver vor die Nase: „Alles Geld her oder es knallt!" Da fragt der Basler: „Können Sie kneubeln?" Der Räuber fragt verdutzt: „Was ist denn das, kneubeln?" Da sagt der Basler: „Ich habe zwei Fünfliber in der Tasche und kann sie nicht heraus kneubeln!" Matthias lacht so laut, dass sogar die Leute am anderen Mainufer stehen bleiben und zu uns herüber schauen! So geht dieser Abend im Schein der Hochhäuser von Frankfurt zu Ende und wir sinken ermattet ins Hotelbett.

Am andern Tag ist Matthias so gut drauf, dass wir ganz Frankfurt besichtigen können. Wir gehen über den Eisernen Steg nach Sachsenhausen, besichtigen unterwegs eine alte Kirche, streunen auf dem Römer im Weihnachtsmarkt umher und gehen dem Main entlang bis zur Flösserbrücke. Nur beim Henninger-Turmrestaurant rennen wir an: Geschlossen! Wir sind noch zu früh dran, die öffnen erst ab siebzehn Uhr.

Am nächsten Morgen kommt der Abschied von Frankfurt. Wir steigen wieder in den Intercity und fahren heim. Ich nehme nur am Rande wahr, dass der Zug voll besetzt ist. Uns gegenüber sitzt eine ältere Frau, sie liest und beachtet uns nicht. Doch es bahnt sich ein Gespräch an, das beinahe in einem Desaster endet. Das kommt so:
Matthias sagt unvermittelt zu mir: „Wir könnten in Freiburg aussteigen und einen Kaffee trinken!"
„Nein, es ist jetzt genug gereist. Jetzt fahren wir direkt nach Hause."
„Ich will aber nach Freiburg!"
„Du weisst genau, dass wir jetzt nicht auch noch nach Freiburg gehen können, das ist einfach zu viel!" Ich gebe mir Mühe, ruhig zu bleiben.
„Aber wir fahren doch direkt daran vorbei!"
„Du kannst ja aussteigen und Freiburg besichtigen, ich fahre weiter!", entgegne ich ruhig.

Da sagt die Dame vis à vis: „Nach Freiburg wollte ich auch schon immer!"

Matthias erschrickt heftig und sagt laut zu mir: „Woher weiss diese Frau, dass wir in Freiburg aussteigen wollen?"

Die Frau zu Matthias: „Das haben Sie doch gerade gesagt!"

Matthias fängt an zu brüllen: „Was habe ich genau gesagt?"

Ich sage leise: „Es ist ja gut, schau aus dem Fenster, wie es dir Frau Rathgeb angeraten hat!"

Matthias brüllt lauter: „Ich will jetzt wissen, was ich gesagt habe!" Die Frau beschwichtigt: „Ich meinte ja nur …" Sie steht auf, nimmt ihre Reisetasche und geht Richtung Ausgang weg. Der Zug bremst. Matthias ruft lauthals: „Ich will jetzt wissen, woher diese Frau wusste, dass wir in Freiburg aussteigen wollen!" Ich zische leise: „Jetzt halt die Klappe, wir wollen ja gar nicht aussteigen! Jetzt reden wir nicht mehr davon. Wenn du nicht aufhörst so zu schreien, gehe ich weg!" Matthias beginnt zu toben: „Woher wusste …"

Alle Leute schauen nach uns. Ich stehe auf und gehe von Matthias weg, vorne zur Tür hinaus. Die Frau mit der Reisetasche steht an der Tür bereit. Ich sage nichts und gehe weiter in den vorderen Wagenteil. Dort ist alles leer, ich setze mich und richte das Gehör nach hinten. Es bleibt alles ruhig hinter mir. Ich überlege einen Moment, ob ich Matthias hierher holen soll.

Aber als der Zug hält, kommen viele Leute und belegen nun auch diese Sitze. Nach wenigen Minuten stehe ich auf und gehe zu unseren reservierten Plätzen zurück. Matthias verhält sich zunächst ruhig.

Jetzt beginnt er aber zu palavern, als wäre er alleine im Zug.

„Weshalb hat es jetzt Wände neben dem Bahndamm, vorher waren noch keine da?"

„Überlege mal, wozu diese Wände dienen könnten!"

„Sind es Schallschluckwände?"

Ich flüstere: „Erraten, denn dahinter ist ja eine Siedlung. Was glaubst du, welchen Lärm die hier hätten ohne Mauer?"

Matthias weiter lautstark: „Warum steht dort LUK an jenem Haus?"
Ich gebe keine Antwort.
„Was bedeutet LUK?"
Ich gebe keine Antwort. Ich sitze wie auf glühenden Kohlen. So lange es nicht schlimmer wird, geht es ja noch.
Matthias laut: „Gehen wir zu Hause in den Spaghetti-Corner?"
Ich leise: „Nein."
Er ruft laut: „Haben wir Tomatensauce?"

Ich bemerke, dass die Leute im Grossraumwagen über uns zu reden beginnen. Ich gebe ihm einfach keine Antwort und lasse ihn quatschen. Doch er hört nicht auf:
„Machen wir die Spaghetti selber?"
Keine Antwort.
„Können wir nicht eine Pizza bestellen?"
Keine Antwort.
„Gehen wir doch in den Spaghetti-Corner?"
Keine Antwort.
„Kaufen wir zwei Hamburger?"

So geht das weiter ohne Pause. Ich zähle die Minuten und bete, dass niemand reklamiert wegen diesem lauten Gerede von Matthias. Aber es meldet sich niemand, und es geht auch niemand weg. Als wir endlich Basel erreichen, atme ich erleichtert auf.

## 2. Ganz am Anfang war die Welt noch in Ordnung

25. April 1972. Ruth hat heftige Wehen. Sie ruft mich um 15 Uhr im Labor an. „Ich komme sofort!", sage ich kurzum und fahre mit dem Auto heim.

Ich fahre mit ihr ins Bezirksspital Dornach, wo sie eingewiesen wird. Die Krankenschwester beruhigt uns: „Das kann noch viele Stunden dauern!"

Doch die Natur steht über uns. Nach weiteren heftigen Wehen drücke ich den Notknopf. Die Schwester kommt und schaut nur kurz nach Ruth, dann wird die Hebamme aus ihrer Pause geholt. Es geht alles ganz schnell. Ich stehe neben Ruth am Bett, als sie einen gesunden Buben in die Arme schliesst. Sie strahlt mich glücklich an. Die Uhr zeigt 16.20 Uhr.

Wir hatten uns immer ein Mädchen gewünscht und uns für den Namen Dominique entschieden. Nun ist es ein Bub! Die Schwester fragt mich im Korridor: „Welchen Namen sollen wir ihm geben?", und hält ein Namensschild und einen Filzschreiber in der Hand. „Matthias", sage ich spontan und hoffe, das Ruth mir nicht böse ist, dass ich diese Entscheidung getroffen habe.

Jetzt sind wir eine richtige Familie. Das hat auch auf meine Lebenseinstellung eine Auswirkung. Ich beginne vermehrt an unsere Zukunft zu denken. Mit dem Kinderwagen machen wir bei jeder Gelegenheit Spaziergänge in die Natur.

Auf einem Spaziergang durch den Allschwilerwald schieben wir unseren Kinderwagen mit Matthias über einen Waldweg. Ich bespreche mit Ruth die Möglichkeit, ein Chemie-Studium zu machen.

„Wenn du sicher bist, dass du das tun willst, dann tu es!", meint Ruth dazu.

Ich beginne einen Abendkurs in Mathematik, ein Vorbereitungskurs für das Chemie-Studium an der Ingenieurschule. Nach zwei Wochen steht mir das Wasser am Hals. Ich verstehe weder Gix noch Gax. Mit Tränen in den Augen kämpfe ich um den Mut, der mich verlassen will. Ich nehme Matthias auf den Arm und singe: „Hänschen klein, ging allein …"
Im Labor nutze ich jede Gelegenheit und übe Algebra, Geometrie und Rechnen. Drei Abende pro Woche bin ich an diesem Kurs. Es wird immer schwieriger. Ich arbeite täglich bis in alle Nacht hinter einem Berg Bücher. Doch langsam beginnt sich der Nebel zu lichten.

Im Oktober 1973 bestehe ich die Aufnahmeprüfung zum Chemie-Studium an der Ingenieurschule Muttenz. Jetzt wird es ernst. Ich kündige meine Arbeitsstelle als Laborant bei Sandoz AG und beginne mein Chemiestudium. Das Stipendium reicht uns gerade für die Miete der Wohnung, die Versicherungen und das Notwendigste an Esswaren. Für Ferien und Kleider sowie für ein Auto wäre kein Spielraum. Da nimmt Ruth Putzarbeiten bei Bekannten und Verwandten an, um etwas dazu zu verdienen. Ich selber arbeite während der Semesterferien in der Basler Chemie wieder als Laborant. So kommen wir über die Runde.

Wir haben Klein-Matthias den Übernamen „Dissi" gegeben. Er ist ein fröhliches Kind. Er tollt er mit den andern Kindern ums Haus und hat viele Freunde.

Rückblickend muss ich sagen, dass Matthias in keiner Weise auffällig war. Da gab es andere, die auffälliger waren. Er kannte keine Langeweile. Seine Fantasie liess vor ihm ganze zoologische Gärten, Schlösser und Burgen sowie Weltraumstationen entstehen. Er stellte viele Fragen, z. B. warum die Sonne scheint und warum der Regen weint.

Und wenn wir mit ihm einen Spass machten, dann konnte er lachen – und wie! Sein Lachen war sehr ansteckend. Vielleicht hat er damals auf Vorschuss gelacht, weil ihm dieses Lachen später für lange Zeit abhanden kommen sollte.

Im Februar 1976 – Matthias ist knapp vier Jahre alt – kommt er eines Morgens torkelnd an unser Bett und fällt uns gleich in die Arme. Er schlottert wie ein Zittergreis und hat einen unruhigen Blick. Wir sind entsetzt ob diesem Verhalten, können aber weder Fieber noch sonst etwas Abnormes feststellen. Ich gehe sofort mit Matthias zum Hausarzt. Auch dieser kann nichts Messbares feststellen, das nicht in Ordnung wäre. Der Arzt verschreibt Medikamente und empfiehlt, ihn in nächster Zeit zu Hause zu behalten.

Doch wir geben uns mit dieser Erklärung nicht zufrieden. Ruth besteht darauf, dass Matthias in eine Klinik eingewiesen und auf Herz

*Matthias an Weihnachten 1973*

und Nieren untersucht wird. Ich verlange vom Arzt eine Überweisung ins Kinderspital. Der Arzt schaut mich an und fragt: „Warum?"

„Wir haben Angst!"

Der Arzt zögert einen Moment, dann setzt er einen Bericht zuhanden des Kinderspitals auf und weist Matthias ein.

Die Krankenschwester zeigt ihm sein Bett in der Kinderklinik. Als Matthias merkt, dass wir weggehen wollen, beginnt er zu weinen und streckt Ruth seine Ärmchen entgegen: „Mama, Papa!"

Ich nehme Matthias auf den Arm, gehe mit ihm zu den Spielsachen und zeige ihm ein grosses Spielzeug-Postauto aus Holz: „Damit kannst du im ganzen Zimmer umherfahren!" Sein Blick hellt sich auf. Ich sehe ein Spielzeug-Köfferchen und lege es dem Postauto aufs Dach: „Und wenn du verreisen willst, nimmst du diesen Koffer mit und fährst los Richtung Gotthard, wo die Wolken bis auf die Strasse herunter hängen!" Ich schiebe das Postauto auf dem Tisch umher und ihm den Pullover hinauf: „Wenn dann eine Passstrasse kommt, dann musst du mächtig Gas geben und ja nicht etwa bremsen!"

„Nein, nein", sagt Matthias und kommt näher.

„Jeden Morgen bringt dir die Krankenschwester das Frühstück ans Bett, und dann kannst du das Postauto daneben stellen und es wartet, bis du wieder mit ihm losfährst."

„Sicher?", fragt Matthias und wischt die Tränen weg, lacht und weint gleichzeitig, nimmt das Postauto in die Hand und imitiert das Motorgeräusch.

Da kommt die Krankenschwester, nimmt Matthias auf und sagt zu ihm: „So, und jetzt ziehen wir ein tolles Nachthemd an, dann kannst du dein Bett ausprobieren!" Matthias ist abgelenkt, und die Schwester deutet uns, jetzt rasch zu gehen. Im Moment, als die Schwester ihm das Nachthemd über den Kopf zieht, stehlen wir uns hinaus.

Am andern Tag sind Ruth und ich wieder bei Matthias zu Besuch. Er ist derart in seine Spielsachen vertieft, dass er uns nur am Rande wahrnimmt. Gott sei Dank! Der Chefarzt kommt vorbei und klärt uns auf:

„Wir müssen eine Rückenmark-Punktion vornehmen. Am besten, so lange Sie hier sind!"

Ein Assistenz-Arzt nimmt Matthias in ein Nebenzimmer. Nach einer Weile muss Matthias laut brüllen und wir hören den Assistenz-Arzt sagen: „Mama und Papa sind gleich nebenan, wenn du noch einmal still hältst, kannst du gleich wieder zu ihnen!" Ruth ist versucht, hinüber zu gehen. Ich halte sie zurück: „Die wissen schon, was sie tun müssen! Wir haben ja schliesslich gewollt, dass er hierher kommt!" Nach einer endlos scheinenden Zeit kommt der Assistenz-Arzt mit Matthias zurück und sagt zu ihm: „Siehst du, da sind Mama und Papa wieder!" Ruth nimmt Matthias in die Arme und tröstet ihn: „Jetzt ist alles vorbei!"

Matthias bleibt noch eine Woche in der Klinik, dann kommt das Schlussgespräch. Der Chefarzt erklärt: „Wir haben keine Infektion feststellen können, Herz und Lunge arbeiten normal und das Blut ist auch in Ordnung. Auch hat er diese Zitter-Anfälle hier nie gehabt. Um ganz sicher zu gehen, können wir jetzt noch Hirnflüssigkeit entnehmen und …"

„Nein, Herr Doktor, ich denke, das können wir ihm jetzt ersparen. Es war wohl nur eine vorübergehende Störung. Können wir ihn wieder mitnehmen?"

Wir können. Matthias darf wieder nach Hause. Die Sache ist schnell vergessen.

Es hat sich bei Matthias erst viele Jahre später, im Alter von 30 Jahren, wieder eine derartige Störung gezeigt: er ging auf einer Autobahn-Raststätte zu Boden und schlotterte am ganzen Körper, die Augen flackerten. Er war nicht mehr ansprechbar. Heute wissen wir, dass es ein epileptischer Anfall war. Zum Glück kam es danach nie wieder vor. Eine Tante von mir, eine Schwester meines Vaters, litt ebenfalls an epileptischen Anfällen. Bei ihr war es aber sehr schlimm. Sie wurde am Gehirn operiert – mit Erfolg. Matthias hatte nur diese beiden Ereignisse, danach ist nie wieder etwas Derartiges vorgefallen.

*Matthias 1975 im Kinderzimmer*

Im Herbst 1976, nach drei Jahren Studium, bestehe ich meine Prüfung als Chemiker. Doch zunächst bin ich arbeitslos und finde keine Stelle. Die Arbeitslosen-Unterstützung fällt besser aus als das Stipendium.

In dieser Zeit nehme ich Klein-Matthias an der Hand und zeige ihm Basel. Unsere Stadt am Rhein ist die schönste Stadt der Welt, da sind wir gleicher Meinung.

Erst nach vier Monaten Arbeitslosigkeit finde ich mit meiner 33. Bewerbung eine Stelle bei einer Chemie-Firma in Pratteln. Ich beginne als Sachbearbeiter in einem Chemie-Labor.

Anfangs 1977 besuche ich meinen Vater, der mit seiner Lebensgefährtin Dora zusammenlebt. Dora hält ein kleines Kind im Arm, einen etwa einjähriger Buben mit Namen Markus. Nur so zum Spass will ich ein Foto von der Gruppe machen. Dora will schnell noch den Buben in die Wiege legen, er müsse ja nicht mit auf dem Bild drauf sein. Ich meine: „Nein, nein, behalte ihn nur im Arm, er stört ja nicht." Ich knipse das Bild mit Blitzlicht. Dabei ahne ich in diesem Moment nicht, dass der kleine Markus später von uns adoptiert werden sollte und somit quasi der kleine Bruder von Matthias wird.

Das kommt so: Ich erfahre von Papa, dass für den kleinen Markus ein Pflegeplatz gesucht wird, weil seine Mutter ein Lotterleben führt und die elterliche Pflicht für ihn nicht wahrnehmen kann. Aber Dora als Grossmutter will ihn nicht hergeben. Ich sage spontan: „Wir könnten ihn doch zu uns nehmen, dann hat Matthias ein Brüderchen!"

Ruth und ich stellen einen Antrag an die Vormundschaftsbehörde Basel. Es kommt eine Einladung zu einem Gespräch beim Amtsvormund. Es stellt sich heraus, dass wir die Bedingungen zu einer Adoption erfüllen. Da ist aber ein Problem: Die Mutter von Markus, Emma, willigt in diese Adoption nicht ein, denn sie will Markus nicht hergeben, obwohl sie ihn auch nicht behalten darf. Sie steht selber unter Vormundschaft. Man hat ihr vor einiger Zeit Markus wegnehmen müssen, weil sie sich nicht um das Kind gekümmert hat.

Der Amtsvormund schlägt uns nun vor, dass wir Markus in Pflege nehmen können, weil eine Adoption ohne Einwilligung der Mutter nicht in Frage komme. Dazu willigt nun auch die Mutter von Markus und auch Dora ein. Dann geht es schnell.

Am 1. Juni 1977 steht mein Vater mit Dora vor unserem Haus und sie bringen uns Markus. Markus ist ein eigenwilliges Kind und bedeutend weniger gefügig als Matthias. Er setzt schon am ersten Tag seinen Willen durch und will unser Brot nicht essen. Er schmeisst es durch die Küche auf den Boden. Dieses Verhalten sind wir von Matthias nicht gewohnt.

Markus integriert sich trotzdem schnell. So sind wir nun eine vierköpfige Familie. Hätten wir selber noch ein Kind gewollt, dann wäre der Altersunterschied der beiden mindestens sechs Jahre gewesen. So sind es nur etwa vier. Markus ist am 13. Dezember 1975 geboren, Matthias am 25. April 1972.

Anfänglich kommt der Amtsvormund unangemeldet zur Kontrolle: Markus wird sofort entblösst und man sucht offensichtlich nach Spuren von Gewalteinwirkung. Als sie aber auch nach dem dritten Mal nichts feststellen können, bleiben diese überfallartigen Besuche aus. Später meldet der Amtsvormund seine Besuche an oder bestellt uns aufs Büro der Vormundschaftsbehörde zur Besprechung. Der zuständige Amtsvormund sagt dazu: „Markus hat das grosse Los gezogen. Es gibt Familien, da müssten wir jeden Tag zur Kontrolle hingehen!"

Matthias, unser „Dissi", besucht den Kindergarten St. Niklaus in Reinach. Er ist dort nie negativ aufgefallen. Aber ein besonderes Verhalten zeigt sich: Ich begleite ihn in den Kindergarten. Da bemerke ich, dass er sehr langsam geht und sich bei jedem Ding aufhält. Wir werden von zwei Mädchen überholt. Ich sage zu Dissi: „Hast du das gesehen? Da haben dich zwei Frauenzimmer überholt! Lassen wir uns das gefallen? Los, geh schneller und überhole sie auch. Wir zeigen es ihnen!"

*Matthias 1977 auf dem Weg zum Kindergarten*

Matthias zieht aus und überholt die Mädchen. Aber oh weh! Da sieht er am Strassenrand eine Schnecke kriechen. Er reisst einen Grashalm ab, geht auf die Knie und streichelt die Schnecke. Er fordert sie auf, schneller zu gehen, sie könne sich doch nicht von allen überholen lassen! Matthias hat das eigentliche Ziel aus den Augen verloren und hält sich mit Randerscheinungen auf. Es sollte sich später erweisen, dass dieses Verhalten für ihn typisch ist. Er kann einen Auftrag nicht durchziehen, sondern lässt sich sehr leicht ablenken, und der eigentliche Auftrag wird vergessen.

Die Zeit vergeht wie im Flug, wenn kleine Kinder heranwachsen. Wir hätten ein Sprichwort kennen müssen: kleine Kinder – kleine Sorgen, grosse Kinder – grosse Sorgen. Markus ist jetzt drei Jahre alt und Matthias kommt in diesem Jahr in die Schule. Er bekommt von seinem Grosi einen tollen Schulsack, welchen er stolz auf dem Rücken trägt. Von nun an geht's bergauf!

## 3. Er war immer ein fröhliches Kind

Frühling 1979. Matthias ist sieben Jahre alt. Was an ihm schon sehr früh aufgefallen ist: Er ist ein Stotterer. Anfänglich stösst er nur hin und wieder nach dem Muster „da-da-da" an. Aber immer häufiger muss er mit den Wörtern ringen, bis er einen ganzen Satz herausbringt. Erstaunlicherweise ist das aber nicht immer so. Beim Lesen hat er keine Mühe, auch nicht, wenn er etwas auswendig lernt. Auch beim Singen kommen die Worte fliessend.

Es zeigt sich, dass Matthias im Unterricht mit den übrigen Schülern nicht mithalten kann. Die Lehrerin, welche sich für Matthias sehr einsetzt, kann bewirken, dass er die erste Klasse in einer Einführungsklasse EK auf zwei Jahre aufgeteilt machen kann. Dadurch hat er eine Starthilfe. Er gewinnt Zeit und findet den Anschluss. Der Schlussbericht des Klassenlehrers Heinrich Wiesner *(dies ist sein richtiger Name)* für das zweite Schuljahr lautet:

### SCHULBERICHT

*Für Matthias Wiessler, Schuljahr EK2a.*

*Leistungen:*
*Matthias ist fleissig und gewissenhaft. Seine Stärke liegt in der Sprache. Er liest schon recht fliessend. Seine Zeichnungen verraten eine grosse Fantasie. Er schreibt rasch und sauber und macht wenig Fehler. Im Rechnen benötigt er bei den Kramer-Blättern gelegentlich die Hilfe und das Verständnis der Lehrerin. Seine besondere Schwierigkeit ist die verlangsamte Reaktion. Seine Unverständlichkeit ist daher nicht absichtlich.*

*Das Stottern am besten übergehen und in seiner Abwesenheit mit der Klasse ein klärendes Gespräch führen. Ich wünsche Matthias alles Gute.*

*Den 7.4.1981, Der Lehrer: Heinrich Wiesner.*
*Eingesehen die Eltern: Ruth und René Wiessler.*

*Dieser Bericht ist der Lehrerschaft, die den Eltern zu persönlicher Besprechung gerne zu Verfügung steht, unterzeichnet zurückzugeben.*

Es ist bemerkenswert, dass der Lehrer Heinrich Wiesner Schriftsteller ist und noch heute in Reinach BL wohnt. Romane von ihm sind z. B. „Der Riese am Tisch" oder „Der Gemeindepräsident". Ich erlebte seine positive Art Unterricht zu machen einmal an einem Schulbesuchstag. Wenn ein Schüler etwas konnte, dann gratulierte der Lehrer ihm mit Handdruck. Konnte er es nicht, dann klopfte er ihm auf die Schultern und sagte: „Das nächste Mal schaffst du es, du wirst sehen!" Wenn nur ich so einen tollen Lehrer gehabt hätte! Er hat es verstanden, den Kindern ein Selbstwertgefühl zu vermitteln. Dieser Lehrer hat sicher dazu beigetragen, dass Matthias seine Schulzeit ohne ernsthafte Probleme hinter sich bringen konnte.

*

Im Frühling 1980 wechseln wir die Wohnung. Wir ziehen um, von der kleinen Dreizimmer-Mietwohnung in eine grosszügige Viereinhalbzimmer-Mietwohnung an derselben Strasse. Unser alter Opel Kadett hat den Geist aufgegeben, er kam nicht einmal mehr den Bözberg hinauf. Wir ersetzen ihn durch einen Audi 100 Occasion. Dieser Wagen hat genug Platz für vier Personen und alles Gepäck; ein gutes Familienauto.

An einem Montag fahre ich mit Matthias und Markus im Auto nach Pratteln. Dort besuche ich schon einige Jahre jeden Dienstag-Abend die Judo- und Jiu-Jitsu-Schule bei Herrn Bruttin, dem Besitzer dieser Kampfsportschule. Seit ich achtzehn Jahre alt bin, besuchte ich immer wieder Kampfsportschulen und lernte Judo (sanfte Kampftechnik), aber hauptsächlich Jiu-Jitsu (harte Selbstverteidigung).

Ich entschliesse mich, beide Buben in die Kampfsport-Technik des Judo einführen zu lassen. Im Judo gibt es keine Schläge, daher kann man diesen Sport wettkampfmässig austragen, was ihn auch für Kinder bestens geeignet macht. Ich bin überzeugt, dass das Beherrschen der Kampftechnik einen grossen Beitrag zum Selbstvertrauen der Buben liefert, was mir besonders für Matthias wichtig erscheint. So begeben wir uns an diesem Montag zu dritt ins Trainings-Lokal. Ich übergebe Herrn Bruttin meine zwei Buben, damit er sie „in die Mangel" nimmt. Montag ist der Schülertrainings-Tag. Während die beiden

*Markus und Matthias mit ihrem Trainingsleiter in der Kampfsportschule*

Buben trainieren, gehe ich mit Ruth in Pratteln in den Supermarkt und zum Kaffeetrinken in ein nettes Café. Dabei schmieden wir Zukunftspläne, was aus den Buben einmal werden soll. Wir sind überzeugt, dass Markus einen Beruf erlernen wird, bei welchem er seine Stärke im Umgang mit Zahlen einsetzen kann. Seine Schwäche liegt bei der Sprache. Er ist genau umgekehrt gepolt wie Matthias. Wo der eine stark ist, ist der andere schwach. Matthias sollte einen künstlerischen Beruf erlernen.

Es sollte sich allerdings später zeigen, dass Matthias im Judo bald schon sein Plafond erreicht hat. Nach wenigen Jahren Training haben zwar beide Buben den Grüngurt erreicht (die Reihenfolge ist weiss, gelb, orange, grün, blau, braun; danach kommt die Meisterklasse mit dem schwarzen Gürtel). Doch als Grüngurt beherrscht Matthias kaum die Anforderungen des Gelbgurts, während Markus mit dem grünen Gurt bereits die Technik der höheren Gürtel Blau und Braun intus hat. Markus ist eine Kämpfernatur!

Im Dojo (Trainingslokal) trete ich einmal im Judo gegen Matthias an und kann ihn ohne grosse Kraftanstrengung auf den Rücken legen. Ich rufe ihm zu: „Wehre dich!" und nehme ihn in einen Festhaltegriff. Aber er macht keine ernsthaften Anstalten, sich zu befreien und igelt sich ein. Es wird mir klar, dass aus ihm nie ein richtiger Judo-Kämpfer werden kann.

Im Judo-Training hebelt es Matthias einmal ein Fussgelenk aus. Der Arzt bringt das zwar wieder ins Lot, aber bei jeder Anstrengung kann das Fussgelenk erneut aushängen. So nutzen wir die Situation und melden Matthias definitiv vom Judo ab. Markus aber bleibt am Ball und macht schon bald den Braungurt. Er ist derart ehrgeizig, dass er an jedem Wettkampf teilnimmt, und dies in der ganzen Schweiz und sogar in Süddeutschland. Markus schafft als Schüler mehrmals den ersten Rang an schweizerischen Kampfsport-Beggenungen in Nidau bei Biel. Herr Bruttin ist mächtig stolz auf Markus. Er ist sehr selbstständig und hat jede Menge Selbstvertrauen. Wenn das nur auf Matthias abfärben würde! Markus wechselt den Judo-Club und trainiert in Kleinbasel in einem anderen Club weiter. Er meint dazu: „Herr Bruttin war ein exzellenter Trainer, aber ein anderer Lehrer kann wieder eine andere Technik vermitteln!"

\*

Im Sommer 1988 ist Matthias sechzehn Jahre alt. Ich bepacke mit ihm die Velos und wir fahren per Bahn in den Schweizer Jura nach Vallorbe. Von dort überqueren wir mit den Velos einen kleinen Pass und gelangen auf der anderen Seite an den Lac de Joux. Ich entdeckte diese Gegend, als ich noch Motorrad fuhr. Jetzt fahren wir wieder mitten durch die Tannenwälder des Noirmont und bis an die Quelle des Doubs in Frankreich. Als wir im Doubs die Füsse baden, sagt Matthias, er möchte nur noch mit mir reisen, rund um die ganze Welt!

März 1989 – Konfirmation. Im Alter von siebzehn Jahren wird Matthias in der reformierten Kirche in Reinach konfirmiert. Der Pfarrer übt mit den Jugendlichen Kirchenlieder im Chor. In dieser Gruppe ist ein Mädchen dabei, Anastasia. Matthias hat sich wohl in dieses Mädchen verguckt, er redet nur noch von ihr.

Es kommt der Tag der Konfirmation. Ruth und ich sitzen in der Kirche mitten unter fremden Leuten und schauen den Festlichkeiten zu. Die jungen Burschen und Mädchen singen wunderschön im Chor. Da kündigt der Pfarrer an, dass jetzt Matthias Wiessler eine Ansprache halten wird. Wir sehen Matthias zum Mikrofon schreiten. Uns erstarrt das Blut in den Adern, wir schauen uns ratlos an. „Das können die doch nicht machen", sagt Ruth, „der bringt doch kein Wort heraus, so wie der stottert!"

Matthias tritt vors Mikrofon und erzählt vom Konfirmations-Lager, indem er einen Text vom Blatt abliest. Er erzählt ohne anzustossen. Ich schaue Ruth erleichtert an. Das ist ja schon erstaunlich.

Sobald er den Text kennt, kann er ganz normal sprechen. Es kommen noch weitere Gruppen von Konfirmanden dran. Sie erzählen über Umweltprobleme, über die Zukunft und über die Welt, in der wir leben wollen. Dann heben alle zum Schluss nochmals zu einem Lied an:

*Von treuen Mächten gut und still umgeben*
*Behütet und getröstet wunderbar.*
*So will ich diese Tage mit euch leben,*
*und mit euch gehen in ein neues Jahr.*
*Von guten Mächten wunderbar geborgen,*
*erwarten wir getrost, was kommen mag.*
*Gott ist mit uns am Abend und am Morgen,*
*und ganz gewiss an jedem neuen Tag.*

*Matthias wird konfirmiert. Reinach BL 1989*

Dieses Lied in der geräumigen Kirche, alle diese Leute und die Stimmen der Jugendlichen schaffen eine Atmosphäre von Einigkeit und guter Zuversicht. Wir treten hinaus in den sonnigen Tag. Ich mache ein Foto von Matthias. Da sieht er Anastasia dort stehen. Sie ist ganz allein.

„Geh zu ihr, jetzt hast du Gelegenheit", flüstere ich ihm zu.

„Aber was soll ich denn sagen?"

„Aber, aber … geh hin und sag einfach etwas! Lobe sie vor allem über ihr Gitarrenspiel in der Kirche! Es ist egal, was du sagst, aber sag irgendetwas!"

Matthias stellt sich neben Anastasia hin. Ich kann nicht hören, was er sagt. Doch ihre Reaktion ist unverkennbar. Sie schaut ihn kurz an und läuft weg. Oh je!

„Sie hatte kein Interesse, mit mir zu reden!", sagt Matthias enttäuscht und blickt Anastasia nach.

„Einmal ist keinmal! Du musst es bei der nächsten Gelegenheit wieder versuchen!" Diese Gelegenheit kommt schon bald. Im Pfarrhaus gibt es eine Schlussfeier, da sitzen Ruth, Matthias und ich direkt Anastasia gegenüber. Matthias versinkt in ihren Augen, aber Anastasia hat keinen Blick für ihn. Ich bemerke aber, dass die Freundin von Anastasia für Matthias ein bezauberndes Lächeln übrig hat. Doch Matthias bemerkt es gar nicht. Ruth sagt leise zu Matthias: „Würde dir die Freundin von Anastasia denn nicht gefallen? Sie himmelt dich an!"

„Nein!", ist die lakonische Antwort.

Wir beginnen ein Gespräch mit den beiden Mädchen, wobei Anastasia bei knappsten Antworten bleibt und immer wegschaut. Hingegen sprudelt ihre Freundin nur so und schickt ihre Blicke an die Adresse von Matthias. Aber der reagiert nicht darauf. Das Mädchen fragt, ob Matthias sich mit ihr im Park Grün 80 in Münchenstein treffen wolle.

„Nein, ich gehe nicht hin!", sagt Matthias barsch und sucht vergebens den Blick von Anastasia. Da kann man wohl nichts machen.

Wenige Tage später hält es Matthias nicht mehr aus und ruft Anastasia telefonisch an. Ihr Vater nimmt den Hörer ab.
„Ist Anastasia zu Hause?", fragt Matthias.
Nach kurzer Pause sagt Matthias: „Hallo Anastasia, ich wollte dich fragen, ob du heute Nachmittag mit mir in den Park kommst?" Man hört am anderen Ende der Leitung ein kurzes Gespräch und dann das „Klick". Sie hat aufgelegt.
Matthias lässt den Hörer sinken: „Sie hat mir abgesagt. Ich soll sie in Ruhe lassen und nicht wieder anrufen."
„Jetzt hat es keinen Zweck mehr. Du musst sie vergessen", sage ich.

Aber Matthias kann sie nicht vergessen. Tag und Nacht erzählt er von Anastasia, er kann sie nicht aus dem Gedächtnis streichen. Matthias erlebt seinen ersten Liebeskummer. Wir trösten ihn damit, dass jeder junge Mensch dies irgendwann durchstehen muss.
„Du kommst am leichtesten darüber hinweg, wenn du dir ein anderes Mädchen anlachst", sage ich dazu. „Warum rufst du nicht einfach ihre Freundin an, die würde sofort kommen!" Aber Matthias will nicht. Er versinkt in tiefe Melancholie und träumt seiner Anastasia nach. Er muss selber damit fertig werden. Noch viele Jahre später und sogar noch heute hören wir ihn sagen, dass Anastasia das Mädchen seiner Träume war.

## 4. Fünf Jahre vor Beginn der Krankheit

Herbst 1989. Matthias wird noch bis zum nächsten Sommer die Schule besuchen – das 10. Schuljahr, ein Überbrückungs-Angebot.

Zu Hause sieht man ihn oft mit dem Kopfhörer an meinem alten Tonbandgerät stehen. Er hört mit Vorliebe die alten Schlager der 60er- und 70er-Jahre, die ich damals selber vom Radio aufgenommen hatte. Seine Favoriten sind die Beach-Boys, ABBA, die Bay City Rollers und Bacchara. Er kennt jeden Ton auswendig und hat ständig ein Lied auf den Lippen.

Seine Spezialität ist es, den englisch gesungenen Text in ähnlich klingendes Deutsch zu übersetzen. Wenn es zum Beispiel heisst „… just for you" dann singt er „… was machst du?"

Er erfindet auch Ausdrücke, die es gar nicht gibt. In einem französischen Chanson heisst es irgendwo „ma couleur", Matthias singt prompt „Matulör" und sucht immer wieder die Stelle in dem Band, damit er sein „Matulör" wieder hören kann.

An einer andern Stelle versteht er immer „Finken baut er" und will immer wieder dieses Lied hören, wo er Finken baut. Es ist ein Lied von den Bay City Rollers. Ich höre einmal mit und an der Stelle heisst es „Think about her", was ähnlich tönt. Ich meine dazu: „Du solltest Englisch-Unterricht nehmen!" Aber er will lieber verstehen, was er will.

Einmal fragt mich Matthias: „Wo ist eigentlich die Platte, wo es immer heisst: ‚Septhepl'?"

Ich frage verdutzt: „Septhepl? Was soll denn das sein?"

„In einer Platte singen sie ‚Septhepl', aber ich weiss nicht mehr, wie dieser Song heisst, wie die Gruppe heisst und auf welchem Band dieses Stück ist."

„So ein Wort gibt es nicht in der englischen Sprache, da musst du dich verhört haben!"

„Nein, nein, ich bin ganz sicher, dass sie ‚Septhepl' singen!"

Kannst du die Melodie vorsingen? Vielleicht kommen wir dann drauf, welches Stück es ist!"

Matthias: „Ich weiss nur, dass immer das Wort ‚Babylon' drin vorkommt!" Mir geht ein Licht auf: „Du meinst wohl ‚Rivers of Babylon' von Boney-M? Das haben wir schnell!"

Wir finden das Stück im Inhaltsverzeichnis einer meiner Tonbandrollen und spulen an die Stelle vor. Boney-M singen: „On The Rivers Of Babylon ..." und nach einer Weile kommt tatsächlich das Wort „Septhepl" darin vor. Aber so oft wir das Band zurückspulen und diese Stelle immer wieder hören, verstehen wir immer nur „Septhepl". Erst als ich mir Jahre später aus dem Internet die Lyrik beschaffen kann, lese ich was es heisst: „Acceptable" – akzeptierbar!

So hat Matthias sein Hobby Musik gefunden. Er hört täglich mehrere Stunden Musik vom Tonband oder auch von Langspiel-Platten. Er muss nur den ersten Ton eines Musikstücks hören, dann weiss er sofort, welcher Song jetzt kommt.

\*

Ruth hat ihren Hausfrauen-Job zur Hälfte an den Nagel gehängt und beginnt im Coop-Supermarkt in der Inventargruppe zu arbeiten. Dabei arbeitet sie meist an den Abenden, wenn die Läden geschlossen sind. Mit einer Gruppe von anderen Frauen muss sie die Waren in den Regalen der Coop-Supermärkte durchzählen, wie viel von jeder Sorte da ist und ob das Datum noch nicht abgelaufen ist. Ruth findet sofort Gefallen an dem Job. Das Zählen von Artikeln in Windeseile führt dazu, dass sie mit einem Blick abschätzen kann, welche Stückzahl dies oder jenes hat. Auf einer Wanderung im Wald flattert ein Vogelschwarm hoch, sie schaut ihnen nach und sagt: „Das waren genau zehn Stück!"

Markus zeigt ein grosses Talent, sich zu informieren. Er weiss schon bald in Sachen Sport bestens Bescheid und kennt alle Stars aus dem Fussball, Radsport und Tennis. Auch im Judo ist er aktiv ganz vorne und hat an nationalen Wettkämpfen bereits verschiedene Medaillen gewonnen. Obwohl Markus erst vierzehn Jahre alt ist und noch Schüler, hat er schon viele Freunde, welche einen guten Einfluss auf ihn ausüben. Markus wählt sich seine Freunde sehr sorgfältig aus.

Für mich beginnt in diesem Herbst 1989 eine Zeit des Umbruchs. Ich habe bei der Chemie-Firma in Pratteln meine Stelle als Chemiker gekündigt und trete nach zwölf Jahren aus der Firma aus. Am 12. August 1989 beginne ich an der Gewerbeschule in Basel als Lehrer für Chemie, Physik und mathematische Fächer. Dazu muss ich nebenbei für zwei Jahre das kantonale Lehrerseminar besuchen. Meine Schüler sind Chemikanten- und Laboranten-Lehrlinge.

Sommer 1990. Matthias beendet seine Schulzeit. Wir finden für ihn eine Praktikantenstelle in einer kleinen Stadt in der welschen Schweiz. Es ist ein kleines Akutspital. Die zuständige Oberschwester fällt mir sofort als ausserordentlich resolut auf. Sie zeigt uns den Arbeitsplatz von Matthias und zieht im Tempo des Wirbelsturms einem Bett neue Laken an. Ich schaue Matthias stumm an und erinnere mich an seine Langsamkeit. Oh je!
    Natürlich spricht die Frau nur französisch. Wir klären gleich ab, ob Matthias nicht auch eine Sprachschule besuchen könne. „Pas de problème!", sagt die Oberschwester. Es sei gleich hier im Ort eine Sprachschule für Französischkurse und einige ihrer Praktikanten gingen dorthin. Er könne gleich mit den andern mitgehen. Somit wäre auch dieses Problem gelöst.
    Für Matthias ist im Ort ein Zimmer bei einer Familie vorgesehen. Er wohnt dort in der Mansarde eines älteren Einfamilienhauses.

*Markus gewinnt 1990 im Alter von 14 Jahren an der Schweizer Judo-Meisterschaft in Nidau BE eine Goldmedaille und wird Schweizermeister bei den Junioren!*

Freundlich nimmt man ihn auf und zeigt ihm sein zukünftiges Zimmer.

Matthias beginnt seine Arbeit am 2. August 1990 in diesem Akutspital. Wir telefonieren fleissig mit ihm, und es macht alles einen guten Eindruck. Meine Befürchtungen wegen der Sprache zerstreuen sich bald. Matthias schreibt uns eine Ansichtskarte in französischer Sprache!

Aber nach nur vier Wochen Welschland erhalten wir einen Brief des Spitals. Man informiert uns höflich darüber, dass Matthias auf Probe gestellt sei. Man wolle noch bis Ende September abwarten, wie er sich entwickle.

Die Kündigung erfolgt am 30. September 1990. Man teilt uns mit, dass Matthias zu langsam arbeite, dass man ihm die Dinge immer wieder aufs Neue erklären müsse und dass er bei einem Akutfall mehr im Weg stehe anstatt zu helfen. Man empfiehlt uns, ihn in einem Altersheim einzusetzen. Was den Umgang mit den Patienten angehe, sei man mit Matthias nämlich sehr zufrieden gewesen.

Matthias nimmt das alles als gegeben hin und kommt wieder zu uns nach Hause. Er zeigt keinerlei Reaktion, er lässt auch den Kopf nicht hängen. Er zieht wieder bei uns ein, als ob das ganz selbstverständlich wäre. Wir suchen eine neue Praktikantenstelle, diesmal in der Region Basel. In Therwil finden wir sie in einem Alters- und Pflegeheim und bestehen darauf, dass er diesmal die Bewerbung selber schreibt. Für dieses Bewerbungsschreiben gehe ich mit Matthias zum Fotografen. Wir lassen für teures Geld ein Portrait machen. Nur das Beste ist gut genug! Es muss alles stimmen.

Schon bald erhalten wir eine Zusage von Therwil. Matthias kann sofort mit der Arbeit im Altersheim beginnen. Sein erster Tag ist der 15. Oktober 1990. Die Leiterin teilt ihm seine Arbeit zu und wir sind alle gespannt.

Doch schon nach zwei Monaten zeichnet sich ab, dass Probleme bestehen. Man bestätigt uns, was wir schon gewusst haben: Matthias braucht immer wieder eine Anleitung, er sieht die Arbeit nicht und weiss auch nicht, worauf es ankommt. Wenn er eine Arbeit macht, dann macht er sie so, wie er es sich vorstellt und nicht so, wie es verlangt wird. Wieder kommt er in die Probezeit und es wird immer hoffnungsloser.

Im Frühjahr 1991 erreicht uns ein Brief von Therwil. Es ist aus! Wir nehmen Matthias ins Gebet: „Wie stellst du dir deine Zukunft vor? Was willst du einmal werden?" Doch er ist sicher, dass er den Pflegeberuf erlernen will.

Wir wenden uns ans Kantonsspital Basel und erklären, dass Matthias schon zweimal gekündigt worden sei, aber dass er immer noch Freude am Pflegeberuf habe.

Im Kantonsspital bietet man uns an, Matthias für ein halbes Jahr in eine Anlehre als Spitalgehilfe zu nehmen. Man wolle in dieser Zeit definitiv abklären, ob er die Lehre als praktischer Krankenpfleger PKP nicht doch noch machen könne. Es könne ja sein, dass er einfach noch ein bisschen Zeit brauche. Man bietet ihm Hand!

Wir wenden uns an den Jugendpsychologischen Dienst in Liestal. Dort kümmert sich eine Psychologin um Matthias und führt ab sofort regelmässig Besprechungen durch, auch mit uns zusammen. „Familien-Gespräch" nennt sich das. Sie wollen Matthias zusätzlich zu einer Psychotherapeutin, eine Frau Finkenbein, zur Gesprächs-Therapie schicken. Wir empfinden das alles als den berühmten Strohhalm, an den wir uns klammern sollen.

Es wird viel für Matthias getan. Er erhält eine Unterstützung von der Invaliden-Versicherung IV. Die IV-Stelle Baselland teilt uns dazu in einem Brief mit:

*„In Anwendung des Bundesgesetzes über die Invalidenversicherung (IVG) werden Ihnen (Matthias Wiessler) folgende Eingliederungsmassnahmen zugesprochen:*

<u>*Medizinische Massnahmen*</u> *bis 30. April 1992:*
- *Psychotherapie nach ärztlicher Verordnung.*

<u>*Berufliche Massnahmen*</u> *vom 15. April 1991 bis 14. April 1992:*
- *Erstmalige berufliche Ausbildung zum Spitalgehilfen bzw. als Vorbereitung für die Ausbildung zum Krankenpfleger im Kantonsspital Basel, extern ohne Mittagessen.*

*Die IV-Regionalstelle ist beauftragt, die angeordnete Massnahme zu überwachen und der IV-Kommission Bericht zu erstatten.*
*Über den Taggeld-Anspruch erhalten Sie eine separate Verfügung.*
*Die nachstehenden Durchführungsstellen können Ihre Leistungen im Rahmen dieser Kostengutsprache dem IV-Sekretariat in Rechnung stellen:*
- *Die Psychotherapeutin Frau Finkenbein aus Basel,*
- *der Jugendpsychologische Dienst, Liestal,*
- *die IV-Regionalstelle, Basel,*
- *das Kantonsspital Basel, Personalabteilung.*


Matthias beginnt im Kantonsspital Basel wie angekündigt als Spitalgehilfe in der Abteilung Geriatrie mit Aussicht auf eine Lehre als praktischer Krankenpfleger PKP. Diese Lehre ist eine verkürzte Ausgabe der Ausbildung zur allgemeinen Krankenpflege AKP.
  Die Ausbildung zum PKP dauert nur zwei Jahre und hat verminderte Anforderungen in medizinischem Fachwissen und im Rechnen. Wenn er diese PKP aber gemacht hat, kann er die AKP anhängen und es wird ihm ein Jahr Ausbildung angerechnet. Also hat er alle Optionen offen. Es kommt jetzt nur noch drauf an, wie er sich anstellt.

Nachdem Matthias zwei Wochen im Kantonsspital gearbeitet hat, besuche ich ihn an seinem Arbeitsplatz. Die Stationsschwester kann nach dieser kurzen Zeit natürlich noch nicht viel über seine Leistung sagen. Ich gehe mit Matthias in die Spital-Kantine und lade ihn zu einem Znüni ein. Dabei muss er mir erzählen, wie es ihm geht. Er ist voller Zuversicht und malt sich seine Zukunft rosa aus. Die Arbeit und der Umgang mit den Patienten gefallen ihm gut.

Markus beginnt nun eine Lehre in einer Bank in Basel. Es ist eine kaufmännische Lehre, erweitert durch eine bankinterne Ausbildung zum Bankfachmann. Er arbeitet im Zahlungsverkehr und wird Ende 1991 in die Filiale Reinach versetzt.

*

Anfang Oktober 1991 fahre ich mit Matthias für ein paar Tage nach Paris. Ich mache eine Tonbildschau über Paris mit Matthias als Darsteller. Er zeigt sich als sehr geduldig. Wenn ich irgendwo eine Viertelstunde brauche, um ein paar Aufnahmen zu machen, dann wartet er auf einer Bank. Wenn ich sage: „Warte hier und gehe nicht weg; ich mache von dort drüben ein paar Fotos", so sitzt er, wenn ich zurückkomme, noch genau so dort und fragt: „Bist du schon zurück?" Er hat sich nie beschwert, hat alle Unannehmlichkeiten akzeptiert und hat auch nie besondere Ansprüche gestellt. Im Umgang mit Geld ist er zudem ausserordentlich sparsam.

Mitten in Paris ruft er plötzlich aus: „Ist das schön hier, ich will einmal neun Jahre in Paris bleiben!"
„Warum gerade neun Jahre?", will ich wissen.
„Weil unser Nachbar auch neun Jahre in Paris gelebt hat!"
„Dann musst du aber auch aussehen wie ein Franzose!", meine ich scherzend.
Wir betreten einen Hutladen.
„Du solltest einen Hut kaufen, der aus dir einen Franzosen macht!

Wie wär's mit einem Béret?" Matthias zieht ein Béret an und schaut in den Spiegel. Er zieht es sogleich wieder aus und schaut sich in dem Laden um. Da zeigt er auf einen steifen Hut und ruft aus: „Das ist er! Diesen Hut muss ich haben!"

Ich versuche ihm die Nachteile eines steifen Hutes klar zu machen: „Den kannst du nicht zusammenrollen und unter die Jacke nehmen! In einem Restaurant brauchst du immer einen Hutständer. Und wenn du ihn im Zug auf den Gepäckträger legst, riskierst du, dass einer seinen Koffer drauf schmeisst und dein Hut sieht aus wie ein Omelett!"

Aber Matthias hat den Hut schon auf, steht vor dem Spiegel und sagt: „Mir gefällt er aber, ich nehme den!" An der Kasse erfahren wir, dass dieser Hut 490.- Francs kostet, eine schöne Stange Geld. Das wären

*Matthias mit seinem neuen Hut in Paris*

etwa 120 Franken! Aber Matthias macht ohne zu zögern sein Portemonnaie auf und legt das Geld auf den Ladentisch. Ich bemerke, dass es fast sein ganzes Geld ist. Er steckt die 10 Francs Retourgeld ein und meint: „Das gibt noch einen Kaffee!" Wir gehen auf die Strasse zurück. Ich muss anerkennen: „Dein Hut sieht wirklich toll aus!"

Auf der Heimfahrt im Zugabteil will Matthias den Hut nicht abnehmen. Während der gesamten Fahrt behält er ihn auf.

Der Alltag holt uns wieder ein. Matthias arbeitet an seinem Arbeitsplatz im Kantonsspital Basel. An den Abenden wollen wir natürlich wissen, wie es heute so war. Er erzählt von einem Patienten, den er duschen musste, der aber gar nicht geduscht werden wollte! Dazu muss Matthias lachen, denn er findet das urkomisch, dass jemand nicht duschen will. Matthias sei zur Krankenschwester gegangen und habe lachend erzählt, der wolle ja gar nicht duschen. „Dann redest du ihm gut zu, von Mann zu Mann, und überzeugst ihn, dass man einfach duschen muss!", habe die Krankenschwester dazu gesagt. Irgendwie habe es Matthias dann doch geschafft.

Nach Feierabend hole ich Matthias manchmal ab und warte vor dem Spital. Wenn er dann herauskommt, verabschiedet er sich lachend von seinen Arbeitskollegen und kommt froh auf mich zu. Das ist, was ich wissen wollte. Er ist im Herzen froh und es gefällt ihm hier.

Ich rufe auch hin und wieder im Spital an, um nach Matthias zu fragen. Die Schulleiterin macht immer wieder auf Probleme mit Matthias aufmerksam. Es brauche viel Zeit ihn auszubilden und er benötige praktisch eine Eins-zu-Eins-Betreuung (ein Ausbilder pro Lehrling). Matthias wird erneut auf Probe gestellt. Wir machen uns nur wenig Hoffnung und beginnen uns schon nach andern Möglichkeiten umzusehen.

In dieser Zeit erstelle ich einen Intelligenztest von Matthias. Es zeigt sich, dass er nur wenig unter dem Durchschnitt liegt. Ich hatte solche

Tests auch schon mit ganzen Schulklassen durchgeführt, wobei Einzelne wesentlich schlechtere Ergebnisse erzielten.

Matthias' Zeichnungen zeugen von hoher Kreativität, und auch im Umgang mit der Sprache zeigt er Stärken, was wir ja schon wussten. Es sollte doch möglich sein, dass er eine Berufslehre absolvieren kann! Vielleicht ist es einfach nur der falsche Beruf. Ich denke an seine Zeichnungen und frage mich, ob er nicht eine Grafiker-Lehre machen könne.

Ich erkundige mich an der Schule für Gestaltung, die ja direkt neben der Gewerbeschule liegt. Ich spreche dort mit einem Lehrer. Aber er muss mir klar machen, dass an die Grafiker-Lehrlinge sehr hohe Anforderungen gestellt werden und dass Matthias das eventuell nicht meistern würde. Es ist alles klar. Er muss eine Lehre mit verminderten Anforderungen machen.

Ich frage mich auch, ob er nicht als freischaffender Künstler arbeiten könnte. Er könnte bei uns wohnen, essen und hätte dadurch kaum Lebenskosten. Aber die Kunst ist an und für sich schon ein schwieriges Terrain, und wenn er keinen beruflichen Abschluss in der Tasche hat, gibt es für ihn so gut wie keine Zukunft.

Es ist keine Überraschung mehr: Nach sechs Monaten kommt vom Kantonsspital der „Blaue Brief":

*Kantonsspital Basel, 7. November 1991*

*Zeugnis*

*Herr Matthias Wiessler, geboren am 25.04.1972, von Basel, besuchte vom 15.04.91 bis 30.11.1991 die Schule am Kantonsspital Basel.*

*Während dieser Zeit absolvierte er sechs Kurswochen mit Unterricht in Anatomie, Hygiene, Desinfektion, Krankenpflege, Krankenbeobachtung sowie Hauswirtschaft, ein sechsmonatiges Praktikum auf einer gereatrischen Station.*

*Herr Wiessler gab sich grosse Mühe, gute Leistungen zu erbringen. Wir schätzten seine Pünktlichkeit und seinen regelmässigen Arbeitseinsatz, seinen liebenswürdigen Umgang mit den Patienten und den Mitarbeitern sowie seine Hilfsbereitschaft.*

*In gegenseitigem Einverständnis lösten wir sein Ausbildungsverhältnis auf.*

*Kantonsspital Basel, die Schulleiterin.*

Peng! Das war's! Wenn sich jemand grosse Mühe gibt, um eine gute Leistung zu erbringen, dann bedeutet dies im Klartext, dass er es zwar immer versucht, aber nie geschafft hat. So viel weiss ich von meiner Tätigkeit in der Fabrik, denn ich selber musste Arbeitszeugnisse für meine Mitarbeiter ausstellen. Man könnte den Brief in einem kurzen Satz zusammenfassen: Matthias wollte, aber er konnte nicht.

Ich weiss, dass diese Schulleiterin im Recht ist. Sie hat sicher ihr Möglichstes getan. Was wir aber schon selber erfahren mussten: Matthias macht die Dinge nicht so, wie der Auftrag lautet, sondern so, wie er es sich vorstellt. Er versteht nicht, worum es eigentlich geht. Auch bei täglichen Arbeiten muss er immer wieder fragen, wie das jetzt gehe und ob es so recht sei. Hat er einmal etwas alleine gemacht, dann muss es nochmals gemacht werden, weil es so nicht gemeint war.

Allerdings möchte ich hier festhalten, dass er eigentümlicherweise selbst komplizierte Vorgänge – wie z. B. die Bedienung des Tonbandgerätes oder eines Filmprojektors – einwandfrei beherrscht, und das sogar bis ins kleinste Detail. Wenn ich ihm die Bedienung dieser Geräte ganz genau erkläre, dann kann er es auch. Er macht es dann einwandfrei und braucht später keine Anleitung mehr. Daher glaube ich, dass es eigentlich möglich sein sollte, etwas aus ihm zu machen. Die Frage ist nur: was? Etwas Technisches vielleicht? Die Auswahl an Lehrstellen ist nicht unbegrenzt.

Mit Hilfe des Jugendpsychologischen Dienstes gelingt es, dass Matthias schon bald in die Eingliederungs-Werkstätte MEDUS eintreten kann. Dies im Sinne einer beruflichen Abklärung.

*

Am 25. April 1992 feiert Matthias seinen 20. Geburtstag. Zu diesem Fest organisieren wir eine Tramfahrt durch Basel mit der „Dante Schuggi". In diesem Oldtimer-Tram findet Ruths ganze Verwandtschaft Platz. Nur von meiner Seite kommt niemand. Mein Vater hat sich von uns distanziert.

Matthias zeigt sich an seinem 20. Geburtstag voller Humor und guter Zuversicht. Er steckt voller Schabernack und macht Witze. Es wird ein schöner Tag mit Salzbretzeln, Orangensaft und Rumpelfahrt durch das Alte Basel.

Matthias tritt im Frühjahr 1992 in die Eingliederungs-Werkstätte MEDUS in Basel ein. Ich begleite ihn, wir klopfen an die Tür des Leiters dieser Werkstätte. Nach einem einführenden Gespräch bekommt Matthias einen Arbeitsplatz zugeteilt. Er wird hier verschiedene Berufe kennenlernen: Buchbinder, Drucker, Metallbau, Schreiner, Gärtner und Kaufmann. Es besteht die Aussicht auf eine Anlehre in einem dieser Berufe.

Matthias wird zudem ab sofort die Gewerbeschule Basel besuchen. Dort kann ich ihn täglich sehen, denn ich bin ja Lehrer an dieser

*Matthias 1992 in der Eingliederungs-Werkstätte*

Schule. Ich verabschiede mich an diesem ersten Tag in der Eingliederungs-Werkstätte von Matthias mit den Worten: „Mach's gut und toi toi toi!" Matthias blickt wieder einmal voller Zuversicht in seine neue Zukunft. Er strahlt übers ganze Gesicht.

Man hört von der Eingliederungs-Werkstätte MEDUS nur Gutes über Matthias. Er wird gelobt, wie willig er an die Arbeit geht.

## 5. Zwei Jahre vor Beginn der Krankheit

Matthias kann eine Anlehre als Holzbearbeiter beginnen. Dazu besucht er nun regelmässig die Gewerbeschule, begleitend zur Eingliederungs-Werkstätte MEDUS.

Da geschieht etwas, das für mich als Lehrer sehr unangenehm ist: Mein Sohn Matthias wird mein Schüler! Er kommt in meine Klasse!!! Ich unterrichte diese Klasse im Rechnen und technischem Zeichnen.

Sofort kursieren Gerüchte. Ein Lehrer-Kollege sagt im Vorbeigehen lachend zu mir: „Das ist natürlich klar, dass du deinem Sohn einen Sechser schreibst!" Aber da täuscht er sich. In Wirklichkeit ist es umgekehrt. Ich fordere Matthias mehr als die anderen. Ich stelle Matthias den andern Schülern dieser Kleinklasse vor und erkläre, dass er mein Sohn sei und dass ich ihn deshalb duze. Da ruft einer nach vorne: „So kann ich natürlich auch einen Sechser machen!" Ich gehe nicht darauf ein.

Im Rechnen hat Matthias aber tatsächlich die Nase vorn. Seine Stärke liegt vor allem im Kopfrechnen. Die andern studieren noch, und er nennt schon das Resultat. Um den Schülern eine Demo zu geben, dass seine guten Rechennoten nicht geflunkert sind, schicke ich einmal alle Schüler an die hintere Wand und rufe Rechenaufgaben in den Raum: „Was gibt hundertzwei geteilt durch fünf?".

Einer ruft: „Das geht ja gar nicht!"
Ich wiederhole: „Hundertzwei geteilt durch fünf!"
Matthias: „Das gibt zwanzig Komma vier."
„Bravo. Du kommst um eine Bankreihe nach vorne!"
„Und was sind zwei Prozent von fünfhundert?" Stille. Ich sehe wie einige mit den Fingern rechnen.

Einer ruft: „Vier!" Ich schaue den Schüler schräg an und frage: „Sind Sie sicher?"
„Nein!"
„Also, zwei Prozent von fünfhundert?"
Matthias: „Zehn!"
„Das tönt besser! Komm eine Bankreihe nach vorne!
Und was gibt viermal siebzehn Komma fünf?" Der Klassenälteste ruft: „Siebzig!"
„Bravo. Sie kommen eine Bankreihe nach vorne!"
So geht das weiter, Matthias steht schon zwei Bankreihen vor mir, dicht gefolgt von zwei Schülern, der Rest verteilt sich im Hinterfeld. Ich sage: „Jetzt kommt eine besonders schwierige Aufgabe! Was gibt tausend geteilt durch acht?"
Matthias nach kurzer Überlegung: „Hundertfünfundzwanzig."
„Wie hast du das gerechnet?"
„Ich habe Tausend erst durch vier geteilt und dann noch durch zwei! Das ist dasselbe wie geteilt durch acht."
Alle Achtung! Im Zahlenrechnen hat er keine Probleme. Wenn allerdings eine Aufgabe mit Text kommt, die er zuerst lesen und verstehen muss, dann streckt er die Waffen.

Im technischen Zeichnen arbeitet Matthias gewissenhaft und sehr sauber, aber leider nicht nach Vorschrift. Wenn die Aufgabe heisst, er soll einen fünfzackigen Stern zeichnen, macht er einen sechszackigen. Ich frage ihn erstaunt: „Du machst ja einen ganz anderen Stern, das war ja nicht die Aufgabe!" Matthias erwidert kühl: „Einen sechszackigen Stern kann man leichter zeichnen als einen fünfzackigen!" Ich muss immerhin anerkennen, dass er keinen vierzackigen Stern gezeichnet hat, denn das wäre noch leichter gewesen. Es zeigt sich schon an diesem einfachen Beispiel das eigentliche Problem!

Von der Eingliederungs-Werkstätte MEDUS hört man weiterhin nur Positives über Matthias. Er wird gelobt, dass er seine Arbeit nun allein ausführen könne.

Er arbeitet zurzeit in der Holzbearbeitung und macht Kleiderbügel auf Tod und Leben, wochenlang, monatelang. Ich frage mich, ob er dabei nicht versauern könnte! Aber Matthias beklagt sich nie. Da es sich dabei um eine Routinearbeit handelt, kann es ja nicht verwundern, dass er die Arbeit selbständig ausführen kann. So ungeschickt ist er nun auch wieder nicht!

Alles sieht gut aus, wir vertrauen auf eine Zukunft für Matthias.

*

Es kommen die Sommerferien 1993. Ich will Matthias eine Freude machen und frage ihn, wohin er reisen wolle. Ohne zu zögern sagt er: „Nach Amerika!" Ich bemerke, dass er in seinem Zimmer eine USA-Flagge an der Wand hinter seinem Bett hängen hat, und seine Hauptlektüre sind Atlanten. Er kennt jeden US-Bundesstaat auswendig! Matthias beugt sich ständig über den Atlas von Nordamerika und lernt dessen Geografie auswendig. Dabei amerikanisiert er alles. Er spricht sogar von einem „US-Bundespferd".

Ich frage ihn: „Wo in Amerika willst du denn hin?"

„Nach San Francisco und zur Golden Gate!"

„Also abgemacht!", sage ich. „Wir fliegen nach Amerika!"

Markus ist ebenfalls mit von der Partie. Auch er freut sich auf die Vereinigten Staaten. Er will aber unbedingt Las Vegas sehen. So erweitern wir unsere USA-Reise: Wir wollen eine Woche nach San Francisco, danach mit einem Mietauto durch den „Goldenen Westen", durchs Death Valley, die Mojave-Wüste nach Las Vegas und zum Grand Canyon. Wir buchen drei Flugtickets. Ruth will nicht mitkommen. Sie hasst das Fliegen und Amerika sagt ihr nichts. Sie geht lieber ins Berner Oberland und in ihr geliebtes Kiental.

So fliegen Matthias, Markus und ich im Juli 1993 mit einem Jumbo Jet in die USA. Zu diesem Zeitpunkt ist Matthias einundzwanzig Jahre alt, Markus knapp achtzehn.

Kaum in San Francisco angekommen, verschwindet Markus auf eigene Faust in der Stadt, er jagt seinen T-Shirts nach und den Sport-Veranstaltungen. Wir sehen ihn gerade nur zum Schlafen.

Matthias folgt mir wie ein Hündchen Schritt auf Tritt. Ich flaniere mit ihm über den Boulevard der endlos langen Market Street. Wir besuchen die Lombard Street, die kurvigste Strasse der Welt. Vom Coit Tower auf dem Telegraph Hill sehen wir die ganzen Hafen-Anlagen von San Francisco vor uns. Da kommt doch tatsächlich – oh welch eine Überraschung – ein US-Flugzeugträger unter der Golden Gate hindurch. Ein unglaublicher Anblick! Ich mache einige Fotos mit dem Tele-Objektiv. Ein Junge am Teleskop neben mir ruft entzückt: „Look – it's an aircroft carrier!!!" Neben mir steht ein Elsässer, der krampfhaft versucht, einen neuen Film in die Kamera einzulegen und er flucht zu seinem Kollegen: „Meinst du, der Flugzeugträger geht mir noch durch die Lappen?"

Matthias wünscht sich, einmal zu Fuss die Golden Gate zu überqueren. „Wir fahren besser mit einem Velo!", meine ich. „Das könnte recht weit sein." So fahren wir mit dem Cable-Car zum Golden-Gate-Park, wo wir zwei Fahrräder mieten. Damit kommen wir zügig vorwärts. Wir fahren durch künstliche Grünanlagen und vorbei an künstlichen Wasseranlagen. Da taucht vor uns die mächtige Golden Gate auf. Der Anblick dieser monumentalen Brücke ist wirklich überwältigend!

Am Abend sind wir zurück, Markus ist noch nicht da. Ich schalte im Hotelzimmer den Fernseher ein und traue meinen Ohren nicht: An diesem Nachmittag, etwa um 18 Uhr, hat ein Amokschütze an der Kreuzung der Marketstreet mit der 5th Avenue ein Blutbad angerichtet! Mir läuft es kalt den Rücken hinunter, denn wir sind in unserem Hotel nur zweihundert Meter von besagter Kreuzung entfernt! Mein erster Gedanke: Wo ist Markus? Doch der kommt soeben eingetrudelt und zeigt uns seine neusten T-Shirts.

„Wir haben im Moment andere Probleme", meine ich. „Aber Gott sei Dank bist du heil durchgekommen!" Markus hat sich diesen Nachmittag ein American Football-Match angesehen.

Alle lokalen Fernsehsendungen und Zeitungen sind anderntags fast nur diesem Amokschützen gewidmet. Es zeigt sich folgendes Bild: Ein Doktor der Philosophie und Waffensammler ist arbeitslos und ohne Geld gewesen. Er hat gestern Nachmittag mit seinem gemieteten Cadillac um sechzehn Uhr eben diese Kreuzung aufgesucht, weil er dort bei einer Firma einmal gearbeitet hatte. Diese Firma war nun seine letzte Hoffnung. Er soll zu denen gesagt haben, er nehme jede Arbeit an. Doch er wurde abgewiesen. So ist er hinausgegangen und hat sich in seinen geparkten Cadillac gesetzt. Er hat gewusst, dass die Miete für das Auto um achtzehn Uhr abläuft und er kein Geld mehr hat, die Miete zu verlängern. Es muss dem Mann in diesen zwei Stunden, in seinem Cadillac sitzend, einiges durch den Kopf gegangen sein. Denn um achtzehn Uhr ist er aus dem Auto wieder ausgestiegen und hat begonnen, wild um sich zu schiessen. Dabei hat er seelenruhig den Revolver nachgeladen und weiter geschossen. Acht Menschen sind im Kugelhagel gestorben. Erst nach viereinhalb Minuten ist der erste Polizist aufgetaucht. Bei dessen Anblick schoss sich der Todesschütze selber in den Kopf.

Nebenbei soll sich während dieser schlimmen Minuten eine besondere Tragödie abgespielt haben: Ein Ehepaar sei um eine Hausecke gebogen, der Ehemann habe den Revolver direkt auf sich gerichtet gesehen. Da habe der Mann seine Frau gepackt und sie als Schutzschild vor sich geschoben. Die Frau habe prompt einen Bauchschuss bekommen, den sie allerdings überlebt habe. Der Kommentator dieser Fernsehsendung meinte dazu lakonisch: „Diese Frau weiss jetzt jedenfalls, wie viel sie ihrem Mann wert ist!"

Wir wagen zunächst nicht mehr, die Strassen von San Francisco zu betreten. Aber was soll's? Das Leben geht weiter. Markus kommt diesmal mit uns, und ich verlasse mit meinen beiden Söhnen das Hotel. Wir begeben uns zum Cable-Car an der betreffenden Kreuzung. Ich muss zugeben, dass ich ständig ängstlich umherblicke.

Mit Matthias und Markus geht es nun per Cable-Car über den Nob Hill hinüber zum Hafen von San Francisco, dem Fishermans Warf. Dort am Pier 39 sollen die Wogen des Tourismus am höchsten schlagen. Wir erleben bis in den Abend hinein viele Attraktionen und geniessen die süsse Girardelli-Schokolade. Der Höhepunkt ist, als Markus und Matthias eine Nachbildung einer Alcatraz-Zelle entdecken. Sie gehen hinein und ich muss ihnen die Tür schliessen. Die Insel Alcatraz ist vom Pier 39 aus leicht zu sehen. Es ist ein Gefängnis, das in den 60er-Jahren geschlossen wurde, weil die Unterhaltskosten zu hoch wurden. Heute dient die Felseninsel Alcatraz nur noch touristischen Zwecken.

Anderntags miete ich ein Auto, einen Cadillac Sechszylinder mit automatischem Getriebe und Klima-Anlage. Damit brechen wir in den „Goldenen Westen" auf. Zwei Wochen lang wollen wir Erkundungs-

*Noch ein letzter Besuch in San Francisco, am Hafen mit Ausblick auf die gewaltige doppelstöckige Bay Bridge.*

fahrten durch die Wüsten des Westens und zur Glitzerstadt Las Vegas machen. Es wird eine Fahrt ins Abenteuer, denn ich habe nirgendwo ein Hotel im Voraus reserviert. Wir fahren einfach drauflos und suchen an den Abenden das erstbeste Motel. Auf diese Weise gefällt mir das Reisen besonders. Matthias und Markus kommen miteinander gut zurecht, aber ich bemerke, dass sich Markus immer mehr von Matthias distanziert.

Da wird ein Schatten über unser Ferienglück gelegt: Nach einer Woche kommt es in einem Hotelgarten zu einem Krawall zwischen Markus und Matthias. Es beginnt damit, dass Markus eine abschätzende Bemerkung Matthias gegenüber macht. Matthias explodiert und wird jähzornig. Er schreit Markus an: „Ich schlag dir den Schädel ein, ich hack dich nieder, ich mach dich zur Sau, du Arschloch!"

Markus: „Wenn du das versuchst, schlag ich dich so zusammen, dass sie dich im Spital zusammenflicken müssen!"

Ich weiss, dass Markus im Judo versiert ist. Doch ich sehe in seinem Blick, dass er Angst hat. Ich stelle mich zwischen die beiden und rufe laut und bestimmt: „Aufhören, sofort aufhören!" Die Leute schauen von den Balkonen zu uns herunter. Das Gerangel will nicht aufhören. Ich packe Matthias und drücke ihn auf den Boden, nehme ihn in einen Judo-Festhaltegriff. So ruhig wie möglich sage ich ganz nahe in sein Ohr: „Bleib ruhig, Matthias, es geschieht dir nichts. Du musst jetzt aufhören. Sag einfach nichts mehr!" Nach einer Weile verzieht sich Matthias ins Zimmer.

Markus kommt zu mir, mit gebrochener Stimme, und sucht mit mir das Gespräch. Das hat er noch nie getan. Ich setze mich mit ihm an den Rand des Swimming Pools. Markus schüttet mir sein Herz aus: „Ich will hier nicht verrecken!", sagt er.

Es stellt sich aber schon bald heraus, dass das wirkliche Problem nicht zwischen ihm und Matthias liegt. Markus wird mit dem Leben nicht fertig. Es dringt durch, dass Liebeskummer im Spiel ist und auch Heimweh. Nun will er mit dem nächsten Flugzeug nach Hause fliegen, es ist ihm alles verleidet. Ich versuche ihn dazu zu bewegen, diese Ferien noch vorbeigehen zu lassen. Aber Markus macht ernst. Er greift noch an diesem Abend im Hotelzimmer zum Telefonhörer und lässt sich mit dem International Airport Of San Francisco verbinden. Ich bewundere seine Initiative und seine Selbstständigkeit. In brauchbarem Englisch redet er mit diversen Stellen, bis er jemanden von der Ticket-Reservation an der Strippe hat. Markus erklärt, er wolle mit dem nächstmöglichen Flug zurück in die Schweiz fliegen.

Dann höre ich ihn sagen: „Aha, mhm, yes, yes, oje!" Markus hängt den Hörer auf und sagt: „Der nächstmögliche Flug ist der, mit welchem wir ohnehin nach Hause fliegen!"

„Dann ist ja alles gut!", tröste ich ihn. Ich bewundere seine Englischkenntnisse: „Du hast ein recht gutes Englisch, das wusste ich ja gar nicht! Allerdings heisst es *without* und nicht *with no*!"

So fahren wir anderntags mit dem Mietauto weiter, Markus drückt sich in eine Ecke des Wagens und lässt nichts mehr von sich hören.

Nochmals legt sich ein Schatten über unser Ferienglück: Auf einer langen Fahrt durch eine Halbwüste halte ich an und steige aus, um mir die Füsse zu vertreten. Da stürmt Matthias aus dem Auto direkt auf mich zu und brüllt mich an: „Fahr sofort weiter, ich will hier nicht warten!"

„Aber *ich* will hier warten, ich muss eine Pause einlegen!", entgegne ich.

Matthias schreit mich an: „Steig sofort ein und fahr weiter!"

„He he, was ist mit dir los, so redest du nicht mit mir!", erwidere ich und gehe ein wenig umher. „Falls du mich nochmal so anbrüllst, kannst du im Auto warten, wenn wir vor einem Restaurant zum Essen halten!"

Matthias baut sich vor mir auf und sein Gesichtsausdruck nimmt etwas Weltfremdes, Entrücktes an, das ich an ihm noch nie gesehen habe. Er schreit mich tobend an: „Fahr sofort weiter, sonst schmeiss ich mit Steinen! Ich zünde die Karre an! Ich bringe mich um!" Er läuft dabei im Kreis wie ein wildes Tier. Entgeistert starre ich ihn an und sage so ruhig wie möglich: „Jetzt mache ich eine Pause und du kannst machen, was du willst!"

Da startet Matthias durch. Er heult auf wie eine Sirene, will sich die Haare ausreissen und rennt los. Ich traue meinen Augen nicht. Er rennt wie ein kopfloses Huhn quer über den vierspurigen High Way, über den Mittelstreifen hinüber und bis zur gegenüberliegenden Leitplanke. Zum Glück sind gerade keine Autos unterwegs. Er wendet, rennt zurück. Als er bei mir ankommt, schreit er: „Ich bring mich um, ich mach mich kaputt!" Er wendet tobend gleich wieder und rennt zurück über den High Way. Ich stehe machtlos da. Jetzt kommt eine Gruppe von Trucks in unseren Bereich. Als Matthias auf der gegenüber liegenden Seite erneut wendet und wieder zu mir rennen will, kommt ihm der erste Truck in die Quere. Das kann nicht gut gehen! Ich wende mich ab, ziehe den Kopf ein und erwarte ein Bremsmanöver und einen gellenden Schrei. Ein Hornstoss des Trucks ertönt. Ich schaue auf zum Truckfahrer. Dieser zeigt mir seine geballte Faust und fährt weiter. Matthias kommt zu mir gerannt, ich packe ihn und drücke ihn wortlos ins Auto. Mein Atem fliegt. Das war knapp!

„Warum wolltest du dich umbringen?", frage ich Matthias.

„Ich will nicht mehr leben", ist seine Antwort. Er hat sich inzwischen wieder beruhigt. Es stellt sich heraus, dass er gar nicht mehr genau weiss, was passiert ist. Das kann ja noch heiter werden!

Markus sagt nichts dazu. Weiter geht die Fahrt. Zwei Tage später kommen wir wieder in San Francisco an, ich muss das Mietauto abgeben. Es geht heimwärts. Matthias verhält sich ruhig. Es geht mit dem Jumbo Jet zurück in die Schweiz.

Ich bespreche daheim die Vorfälle von Amerika mit Ruth. Da es am Ende gut gegangen ist, misst sie diesem Vorfall keine besondere Bedeutung zu. Sie meint nur: „Ich habe dir ja gesagt, du sollst nicht so weit weg gehen. Das war alles einfach zu viel für ihn!"

Matthias weiss viel zu erzählen, vom Death Valley und von Las Vegas. Das andere ist rasch vergessen. Er zeigt immer häufiger ein merkwürdiges Verhalten und leidet unter unbegründeten Angstzuständen. So glaubt er auf einmal, es schleichen Einbrecher ums Haus. Er steht mitten in der Nacht auf, weckt uns und veranstaltet ein Riesenspektakel: „Es sind Einbrecher auf der Terrasse und wollen in mein Zimmer!" Ich schnelle hoch und renne in sein Zimmer. Das Fenster ist zu und der Laden herunter gekurbelt. Ich versuche ihn zu besänftigen: „Da kann niemand einsteigen, das bildest du dir ein!"

„Nein, nein, es schleichen Leute ums Haus, ich habe es genau gehört!"

„Weisst du was?", sage ich, „du kannst doch Judo. Wenn einer hier hereinkommen sollte, dann legst du ihn mit einem Hüftwurf auf den Rücken und wir holen die Polizei!"

„Aber ich kann mich doch nicht wehren, die sind alle stärker!"

„Dann sind wir auch noch da", beruhige ich ihn.

Aber Matthias ist nicht zu beruhigen. Wenn ich von der Arbeit nach Hause komme, überfällt er mich sofort: „Es waren wieder Einbrecher an meinem Laden!" Es wird zu einer richtigen Psychose. Wir suchen mit Matthias unseren Hausarzt auf. Matthias wird von ihm an die externe Psychiatrie des Kantonsspitals verwiesen.

Mit dem Schreiben des Hausarztes werden wir an die zuständige Stelle gewiesen. Es stellt sich eine Frau Doktor Grün vor. Sie hat soeben ihr Medizin-Studium abgeschlossen und macht nun hier für ein Jahr ein Praktikum in der Externen Psychiatrie. Frau Dr. Grün klärt uns auf, dass Matthias an einer Psychose leide. Es gebe davon verschiedene Formen. Am bekanntesten sei die Depression, eine schwere Krankheit der Seele. Matthias leide an einer „Phobie", also an Angstzuständen vor einer bestimmten Sache. Sie führt das Beispiel mit der Angst vor engen Räumen an.

Es stellt sich im Gespräch heraus, dass auch Ruth während zehn Jahren nach der Geburt von Matthias an einer Phobie gelitten hatte: Ruth bekam in jener Zeit immer Panik, wenn sie einen offenen sonnigen Weg entlang gehen sollte, wo kein Schatten und kein Baum war.

Die Veranlagung einer Psychose sei vererbbar, klärt uns Frau Dr. Grün auf. Man könne zwar eine Psychose nicht erben, aber doch die Veranlagung dazu. Die Ärztin macht uns Mut und meint, das könne man schon in den Griff bekommen, es sei aber eine langwierige Sache und es müssten alle mithelfen. Das Wichtigste sei, dass Matthias sein Selbstvertrauen zurückgewinne. Als Unterstützung verschreibt sie ihm per Rezept ein Psychopharmakon. Es sei nur ein leichtes Mittel, er müsse es aber täglich und regelmässig einnehmen.

Frau Dr. Grün wird Matthias fortan betreuen und einmal wöchentlich mit ihm eine Besprechung durchführen. Ein Elternteil müsse jeweils dabei sein. Einmal im Monat müssen wir alle drei hierher kommen zu einer gemeinsamen Familien-Besprechung.

## 6. Ein Jahr vor Beginn der Krankheit

Matthias zeigt grosses Interesse an Theater-Vorführungen. Einen besonderen Eindruck macht ihm in Reinach die Vorführung eines Laien-Theaters mit dem Märchen vom tapferen Schneiderlein. Matthias lacht sich halb tot, als der Schneider Sieben auf einen Streich erwischt. Die Leute lachen mehr seinetwegen als wegen des Stücks. Eine Frau der Theatergruppe kommt nach der Vorführung zu uns und meint: „Der kann aber herzhaft lachen!" Sie regt an, Matthias könne doch eigentlich in diesem Theater mitmachen.

Sofort wird Matthias wird von der Reinacher Theatergruppe zu den Proben eingeladen. Er bekommt die Rolle des Wildschweins zugeteilt. Dazu trägt er auf dem Kopf eine riesige Keiler-Maske mit Stosszähnen. Er muss schon lachen, wenn er nur diese Maske überstülpt. Dann rennt er auf der Bühne umher, den andern hinterher. Allerdings rennt er nicht so, wie das Storyboard es verlangt, sondern so, wie es ihm am meisten Spass macht. Er wundert sich, warum die Leute von der Theatergruppe das nicht lustig finden. Er muss Rügen einstecken. Nach einer Weile kommt ein Brief, er brauche sich nicht mehr zu melden.

Im Januar 1994 – Matthias wird bald zweiundzwanzig Jahre alt – erhält er nun auch von der Eingliederungs-Werkstätte MEDUS, wo er als Holzbearbeiter eine Anlehre macht, einen schlechten Bericht! Obwohl er in der Gewerbeschule einen Notendurchschnitt von 5 erreicht hat, muss er wahrscheinlich seine Anlehre abbrechen. Der Betreuer des MEDUS hat uns mitgeteilt, Matthias sei nicht fähig, in einem Normalbetrieb zu arbeiten. Er mache alles so, wie er wolle und nicht so, wie er sollte. Das ist für uns natürlich nicht neu. Man müsse jetzt nach einer anderen Lösung suchen. Bis Ostern 1994 könne er noch im MEDUS bleiben, bis dann müsse definitiv etwas anderes gefunden werden.

Wieder steht ein grosses Fragezeichen im Raum. Ich fahre mit Matthias im Tram nach Basel, um spazieren zu gehen und mit ihm über seine Möglichkeiten zu diskutieren. Er selber fühlt sich gut nach dem Motto „Papi und Mami werden das schon für mich richten!" Er macht sich gar keine Sorgen.

Ich gehe eine Weile stumm neben ihm her. Dann beginne ich: „Du musst das Leben selbst in die Hand nehmen und das Beste aus deinen Möglichkeiten machen. Du musst den Beruf finden, der dich interessiert und darfst dich nicht vom Weg abbringen lassen!"

Matthias: „Ich will Krankenpfleger werden!"

„Wir wissen aber, dass das jetzt nicht mehr geht! Hast du vergessen, dass dir alle Stellen im Spital und auch im Altersheim gekündigt worden sind?"

„Dann will ich Holzbearbeiter werden!"

„Du siehst ja selber, dass nun auch das nicht mehr geht! Sie wollen dich im MEDUS auch nicht mehr behalten."

„Dann bleibe ich bei euch zu Hause!"

Ich bemühe mich, ihm klar zu machen, dass nur er sich selber helfen kann: „Matthias! Mami und ich arbeiten den ganzen Tag. Wir haben die Energie nicht, uns andauernd um dich zu kümmern. Du kannst zwar immer bei uns bleiben, bei uns hast du immer ein Bett und zu essen auf dem Tisch! Aber deinen Beruf musst du selber erlernen, das können wir nicht für dich tun!"

Er fragt: „Kann ich nicht einfach für immer bei euch bleiben und mit euch reisen?"

*„Für immer* wird ja nicht gehen, denn irgendwann sind wir im Altersheim oder nicht mehr da. Was willst du dann tun?"

Matthias: „Dann bleibe ich wenigstens bis ich fünfzig bin!" Erstaunt blicke ich ihn an: „Und was machst du, wenn du fünfzig bist?"

„Dann stelle ich einen neuen Antrag, ob ich noch länger bleiben kann!" –

Typisch Matthias.

Da komme ich auf die Idee, ich könnte meine Stelle auf 50 % reduzieren und die übrige Zeit Matthias widmen, um aus ihm etwas zu machen. Wir könnten zusammen Bücher schreiben, dabei könnte er seine Fantasie ausleben. Besonders bei Jugendbüchern wäre Fantasie doch sehr gefragt. Ich stelle mir ein Buch vor über einen Vater, der mit seinem behinderten Sohn Frankfurt am Main erlebt. Ich frage ihn: „Wollen wir ein Buch schreiben über Frankfurt am Main? Erlebnisse hätten wir ja schon eine ganze Menge zusammen!"

Matthias begeistert: „Ja, das machen wir. Da muss aber auch das Dreh-Restaurant vom Henninger-Turm drin vorkommen und der Eiserne Steg über den Main!"

„Welchen Titel würdest du unserem Buch über Frankfurt denn geben?"

Ohne zu zögern sagt er: „Pablo und Pablösschen erleben Frankfurt am Main!" Diesen Titel finde ich so grossartig, dass ich sofort ein Blatt Papier hervorkrame und mit grossen Lettern drüber schreibe: Pablo und Pablösschen erleben Frankfurt am Main!

„Jetzt müssen wir unsere Erlebnisse, die wir in Frankfurt hatten, hier auflisten. Das machen wir so lange, bis es eine Geschichte draus gibt!"

Matthias freut sich wie ein Kind und hüpft umher: „Ein Buch über Frankfurt, ein Buch über Frankfurt! Das müssen wir Mami erzählen!"

Ich dämpfe ihn: „Freu dich nicht zu früh, Matthias. Das gibt viel Arbeit! Wir müssen ein ganzes Jahr einsetzen, bis nur der Entwurf fertig ist. Auch müssen wir noch einige Reisen nach Frankfurt machen und alle Erlebnisse sofort aufschreiben, sonst bekommen wir nie genügend zusammen. Aber wenn wir es wirklich wollen, dann können wir es schaffen!"

Aber es blieb bei der Idee. Ich habe einen Berg von Notizen in einem Ordner unter der Rubrik *Pablo und Pablösschen*. Vielleicht später einmal.

Das ist eine andere Bezeichnung für „nie".

Am 25. Februar 1994 feiert mein Vater Walter Wiessler seinen achtzigsten Geburtstag. Matthias hat an seinem Grosspapa eine helle Freude und lacht viel mit ihm. Zu Matthias sage ich: „Schau dir meinen Papa an, er ist dreissig Jahre älter als ich. In dreissig Jahren bin ich auch so alt wie er jetzt, falls ich bis dann überhaupt noch lebe. Du musst dir im Klaren sein, dass ich dann nicht mehr für dich sorgen kann. Steh auf die Hinterbeine und stelle dich dem Leben!"

\*

Am 14. April 1994 ereilt uns ein weiterer Blauer Brief, diesmal von der Eingliederungs-Werkstätte MEDUS. Wir haben natürlich geahnt, dass dieser Brief kommen würde, nur haben wir bisher keine andere Lösung für Matthias bereit. Der Brief ist adressiert ans Gewerbe-Inspektorat Basel-Stadt. Wir erhalten eine Kopie zur Kenntnis:

*Eingliederungswerkstätte MEDUS, Basel*
*An das Gewerbe-Inspektorat Basel-Stadt*
*Basel den 14.4.94*

**Auflösung des Anlehrvertrages von Herrn Matthias Wiessler in der Schreinerei des MEDUS auf Ende April 1994.**

*Sehr geehrte Damen und Herren,*
*im gegenseitigen Einverständnis mit Herrn Matthias Wiessler möchten wir den Anlehrvertrag in der Schreinerei des MEDUS aus behinderungsbedingten Gründen auf den 30.4.1994 auflösen. Eine Ausbildung mit dem Ziel einer Arbeit in der offenen Marktwirtschaft – gemäss dem Ausbildungsprogramm zum Anlehrvertrag – ist leider, zumindest gegenwärtig, nicht möglich.*
*Wir suchen gemeinsam mit Herrn Wiessler und seinen Eltern nach einer neuen Lösung und werden selbstverständlich zu einem späteren Zeitpunkt eine Anlehre erneut versuchen, falls sich die Situation verändert.*
*Gerne stehen wir Ihnen für ein Gespräch zur Verfügung und grüssen Sie freundlich*
*Eingliederungswerkstätte MEDUS, Basel.*
*Unterzeichnet: T. Kleinwächter / M. Wiessler*

Gemeinsam mit der Externen Psychiatrie halten wir Umschau nach anderen Möglichkeiten, doch diese sind dünn gesät und alle überfüllt. Es ist schwierig, einen Platz für Matthias zu finden. Frau Dr. Grün redet von der „Windrose", einem geschützten Arbeitsplatz für Behinderte in Basel.

Vom 11. April bis 2. Mai 1994 kann er in der „Windrose" eine Schnupperlehre als Holzbearbeiter machen. Die Invalidenversicherung übernimmt die Kosten.

Doch in der Schnupperlehre der „Windrose" geschieht ein Vorfall, der sehr unangenehm für Matthias ist. Er – in seiner kindlichen Naivität –

erzählt dem Leiter der Windrose etwas über Adolf Hitler und über Hakenkreuze. Es sind für Matthias schattenhafte Gesprächsfetzen, die er irgendwann bei uns zu Hause einmal gehört hat. Und wenn ihm so etwas auftaucht, dann redet er wie ein Wasserfall drauflos. Doch der Leiter dieser Werkstätte glaubt darin rechtsextreme Äusserungen entdeckt zu haben und packt Matthias grob an. Beinahe hätte er ihn hinaus geschmissen! Nur mit viel Glück gelingt es uns, den Mann zu besänftigen. Doch ist klar, dass Matthias seine Arbeit hier nicht fortsetzen kann.

Weil die Sommerferien vor der Tür stehen, bleibt Matthias zunächst daheim, er hat bei uns sein Zimmer, wo er sich aufhalten und schlafen kann. Wir beschäftigen ihn mit täglichen Haushaltarbeiten und einem Programm, so gut es geht. Ruth gibt ihm Aufträge wie z. B. das Knüpfen eines Wandteppichs oder das Aussägen von Holzfiguren mit der Laubsäge. Zu diesem Zweck richte ich für Matthias im Keller eine kleine Werkbank ein.

Finanziell ist für Matthias gesorgt, denn er bezieht seit einiger Zeit ein Invaliden-Taggeld. Wir stellen uns vor, wie es uns wohl ergehen würde, wenn wir in Indien oder in Afrika leben würden. Da wären die Sozialleistungen wahrscheinlich eher Null. Man kann es gar nicht hoch genug einschätzen, dass wir in der Schweiz eine derartige Einrichtung wie die Invalidenversicherung (IV) haben! Sobald man davon betroffen ist, merkt man das.

## 7. Als für Matthias die Sterne vom Himmel fielen

Sommerferien 1994. Ich entschliesse mich, mit Matthias für drei Wochen mit dem Auto nach Spanien zu fahren. Wir wollen das ferne Santiago di Compostela besichtigen. Ruth hat keine Ferien, sie muss noch arbeiten, und Markus will nicht mehr mitkommen. Unser mittlerweile alter Audi 100 soll nochmals auf grosse Fahrt gehen. Der Wagen ist nun auch schon 16 Jahre alt und hat weit über 200 000 km drauf. Aber mechanisch ist er noch einwandfrei. Das glaubte ich jedenfalls, bis wir kurz nach dem Grenzübertritt bei Genf in Frankreich an eine Stoppstrasse rollen. Ich drücke die Kupplung, doch der Motor treibt noch immer vorwärts. Ich muss ihn mit der Fussbremse abwürgen und stehe im Stoppsack. „Endstation", sage ich zu Matthias. „Die Kupplung ist im Eimer!"

„Fahr sofort weiter!", schreit er mich an. „Ich will hier nicht warten, ich will nach Spanien!"

„Du hast einen seltsamen Humor!", sage ich. „Ich kann gar nicht weiter fahren, die Karre ist verreckt!"

Matthias tobt weiter. Ich steige aus. Hoffentlich wiederholt er nicht jenes kopflose Verhalten von damals in Amerika, durchfährt es mich. Ich gebe ihm eine dieser Tabletten, welche ich ihm im Notfall zusätzlich geben soll. Es ist ein Beruhigungsmittel.

Es gelingt mir, ihm klarzumachen, dass wir dringend eine Garage brauchen. Ich blicke mich um und sehe auf einer Erhöhung eine grosse Garage mit dem Peugeot-Emblem. Die werden auch einen Audi reparieren können. Ich gehe zu Fuss zur Garage hoch und spreche mit einem Mechaniker.

„Aujourd'hui pas!" – heute nicht mehr. „Sie können das Auto hier lassen, morgen ist es fertig", sagt der Mann. So gehe ich mit Matthias zu Fuss weiter und gemeinsam suchen wir ein Hotel. Er hat sich wieder beruhigt und wird nun müde. Die Wirkung des Medikaments! Bald haben wir ein kleines Hotel gefunden. Matthias legt sich sogleich hin und entschwindet ins Traumland.

Anderntags setzen wir unsere Fahrt fort. Wir fahren den ganzen Tag auf Überlandstrassen. Wir wollen die Autobahn meiden, weil man dort von der Landschaft und den Dörfern nichts sieht. Wir fahren bis in die Nacht. Ich will heute noch Biarritz erreichen.

Ich werde müde und muss die Fahrt unterbrechen. Ich stelle den Blinker rechts und halte im Bereich einer Tankstelle an. Ich bin sogar zu müde, um zu tanken und will mich ein wenig in meinem Sitz zurücklehnen.

Da beginnt Matthias wieder: „Fahr sofort weiter, ich will hier nicht warten!", schreit er mich unversehens an.

„Was ist eigentlich mit dir los? Ich bin müde und muss eine Pause machen! Lass mich jetzt in Ruhe!"

Matthias reisst meine Tür auf. Ihm schwillt eine Ader auf der Stirn, als er mich weiter anschreit: „Fahr sofort weiter, oder ich schlage dich zusammen!"

Der Schock sitzt tief. So hat er noch nie gedroht. Ich bin unfähig, etwas zu sagen. Ich bin sogar zu müde, ihm die Medikamente zu verabreichen.

„Setze dich ins Auto und sei ruhig! Ich kann nicht weiterfahren!", sage ich so ruhig wie möglich. Sein Gesicht bekommt wieder diesen weltfremden, entrückten Ausdruck, wie ich es damals in Amerika schon gesehen hatte. Die nackte Angst kommt in mir hoch. Was soll ich tun? Einen Moment lang erwäge ich, umzukehren und heim zu fahren. Ich realisiere jedoch, wie weit das ist. Unmöglich!

Matthias beginnt wie ein wilder Stier umher zu rennen, ballt die Fäuste gegen mich und schreit mich wie ein Irrer an. Jetzt kann ich mich nicht mehr beherrschen. Ich komme aus dem Wagen, schreie Matthias an: „Hör sofort auf, du blöder Hund! Wenn du jetzt deine Schnauze nicht hältst, mach ich dich fertig!", und zeige ihm die geballte Faust. Die Müdigkeit, der Stress und die Situation der Gefahr haben mein Denkvermögen ausgeschaltet.

Matthias macht Anstalten, auf mich loszugehen und tobt noch immer. Da verlässt mich aller Mut. Ich stelle mir vor, ich würde meinen eigenen Sohn zusammenschlagen. Wie weit darf es noch kommen? Ich lasse mutlos die Arme sinken, unfähig, etwas zu sagen oder zu tun. Meine Gedanken drehen sich im Kreis. Ich sehe Matthias vor mir mit erhobenen Fäusten herumtoben und erwarte jeden Moment den ersten Schlag. Ich sehe dieses Bild wie ein aussenstehender Beobachter, ich höre seine Worte nicht mehr. Da werde ich plötzlich ganz ruhig und meine Gedanken werden ganz klar. Noch nie war ich so wach wie in diesem Augenblick.

Ich lege den Arm um Matthias und sage liebevoll: „Komm, du brauchst deine Medikamente!" Er lässt sich sofort führen und folgt mir wie ein Hündchen. Gott sei Dank! Ich hole das Beruhigungsmittel aus dem Necessaire und verabreiche ihm eine zusätzliche Tablette. Ich bin versucht, ihm die doppelte Dosis zu geben. Zuerst will ich jedoch abwarten, wie die Wirkung dieser einen Tablette ist; im Bedarfsfall kann ich ihm noch immer eine zweite geben.

Bald wird Matthias müde und schläft ein. Ich fahre weiter, Matthias döst neben mir. Ich ahne in diesem Moment nicht, dass das dicke Ende noch bevorsteht. Das war erst die berühmte Spitze vom Eisberg! Spät in der Nacht erreichen wir Biarritz. Dort beziehen wir ein Zimmer in einem Hotel in der Altstadt. Ich muss Matthias fast aufs Zimmer tragen, er ist beinahe nicht mehr wach zu kriegen.

Beim Frühstück am andern Tag ist Matthias wieder voll hergestellt und macht seine Witze. Er weiss gar nicht mehr, was gestern in der Nacht war und ich verliere auch kein Wort darüber. Für den heutigen Tag nehmen wir uns nur eine kleine Strecke vor: Bilbao! Matthias freut sich ungemein.

Vor der Weiterfahrt vergessen wir das Necessaire in der Toilette des Hotels, wo unter anderem auch die Medikamente für Matthias drin sind. Wir merken es erst bei der nächsten Übernachtung in Bilbao. Ich suche eine Apotheke auf und will die Medikamente dort kaufen. Aber ohne Rezept ist nichts zu machen. Ich bereite mich darauf vor, dass wir die Ferien abbrechen müssen, wenn wieder etwas passiert. Diesmal weiss ich allerdings, was ich tun muss, wenn es wieder geschieht: Er lässt sich geduldig führen, wenn ich selber ruhig bleibe. Es wird schon gehen.

In Bilbao erleben wir einen tollen Ferientag. Matthias ist gut drauf und er will die ganze Stadt besichtigen.

So geht es weiter nach Santander. Wir machen der Stadt eine Stippvisite. Matthias lehnt an der Motorhaube des Wagens und sagt: „Die spanischen Städte sind oberflächlich und ohne Sehenswürdigkeiten! Man kann sie nicht mit den italienischen Städten vergleichen!" Ich bin froh, dass er wieder hergestellt ist.

Weiter geht's Richtung Galizien. Matthias sitzt neben mir und hört Musik aus dem Walkman. Es folgt über 300 km eine seltsame Strecke über Hügel und durch Wälder, Matthias kann sich kaum sattsehen. Bald ist all die Unbill vergessen und wir geniessen unsere Ferien.

Auf der Weiterfahrt erleben wir mit dem Auto eine gefährliche Situation: Die Strasse wird breiter und schneller. Ich fahre den Audi 100 gemächlich mit 80 km/h und werde andauernd von kleinen Flitzern überholt. Es beginnt die Abenddämmerung, ich schalte die Lichter ein. Da kommt eine langgezogene vierspurige Steigung. „Jetzt zeigen wir diesen Typen einmal, wie ein Audi 100 läuft" sage ich zu Matthias und gebe Vollgas. Mit 140 km/h brausen wir diese Steigung hoch, lassen alle diese schnellen Flitzer rechts liegen, wir überholen sie reihenweise. Doch das schadenfrohe Grinsen friert mir plötzlich ein: Etwa hundert Meter vor mir sehe ich in einer leichten Rechtskurve einen Lastwagen mit Anhänger, ohne Licht, der quer über der Fahrbahn steht. Dieser Idiot versucht, an dieser Stelle sein überlanges Fahrzeug zu wenden!!! Ich trete in die Bremse und muss erkennen, dass ich diese Geschwindigkeit auf so kurze Distanz nicht abbauen kann. Ich ziehe mit dem Lenkrad nach rechts, denn dort ist gerade noch eine etwa fünf Meter breite Lücke zwischen dem Anhänger und der Felswand frei. Wie ich aber auf diese Lücke zuhalte, noch immer mit über 100 km/h, kommt das Lastwagen-Gespann plötzlich rückwärts. Ich ziehe reflexiv die Ellbogen ein. Ich glaube schon, Blut im Mund zu schmecken und sehe die Schlagzeilen: Vater und Sohn in Spanien bei Verkehrsunfall getötet! Doch um Zentimeter reicht es und ich dirigiere den Audi gerade noch zwischen der Felswand und dem Anhänger durch. Uff! Das war knapp! Ich muss anhalten und aussteigen. Meine Knie zittern. Matthias findet das alles gar nicht so schlimm, es sei ja gar nichts passiert. Aber es ist unverkennbar, wir

*Mit Matthias bei Santander auf dem Weg nach Galizien, Sommer 1994. Das waren die letzten Tage vor seinem psychischen Absturz.*

haben dem Tod ins Auge geblickt! Aber was soll's, nur nicht lange darüber nachdenken! Es ist gut gegangen und weiter geht die Fahrt. Schnell ist der Zwischenfall vergessen.

Später sehen wir an einer Kurve mitten in einem Wald ein lauschiges Restaurant und halten an.
„Hast du auch Hunger? Wir könnten zu Abend essen!" Meine Frage ist überflüssig, Matthias sitzt schon am Tisch. Auf der Speisekarte können wir nichts entziffern. So bestellen wir einfach zwei verschiedene Sachen, im Notfall können wir ja tauschen. Ihm bringt man eine Fischsuppe, die schon von weitem nach Fisch stinkt. Matthias rümpft die Nase und schaut in meinen Teller. Als er meine Fischköpfe sieht, lehnt er auch dies ab. So isst er nur das Brot und trinkt das Mineralwasser. Ich esse meine Fische und denke, man muss halt essen, was es hier gibt. Die Suppe geben wir zurück. Zu Hause hätte ich lieber eine Bratwurst mit Pommes frites bestellt.

Irgendwo an der Route finden wir ein kleines Hotel. Anderntags erreichen wir das sagenhafte Santiago di Compostella. Wir sind am Ziel! Matthias ist völlig hingerissen von dieser gewaltigen Kathedrale. Da entdecken wir ein kleines Restaurant mit dem Namen „Frankfurt". Da will Matthias natürlich sofort einkehren. Aber auf der Speisekarte finden wir weder Frankfurter Würstchen noch Eintopf. So trinken wir eine Cola und ziehen weiter. Wieder ruft Matthias aus: „Ich will nur noch reisen, alles andere hat gar keinen Wert!"

Es wird Zeit für die Heimkehr. Ich komme dem Wunsch von Matthias nach und wir machen noch einen Abstecher nach Sête in Südfrankreich. Er will dort am Sandstrand noch im Meer baden. Bei der Fahrt nach Sête fällt mir einzig auf, dass Matthias plötzlich keine Musik mehr hören will. Obwohl er sonst kaum ohne Kopfhörer mit Musik-Berieselung leben kann, sitzt er jetzt stumm neben mir. Ich sage mir, er wird müde sein und schenke ihm keine weitere Beachtung. Aber es ist das letzte Vorzeichen seines bevorstehenden Absturzes.

Wir erreichen Sête in Südfrankreich, wo ich auf einem Zeltplatz unser Zelt aufbaue. Dieses Zelt haben wir eigentlich nur für den Notfall mitgenommen, wenn wir einmal kein Hotel finden sollten. Wir schlafen beide tief und ruhig, die nahe Brandung lullt uns ein.

Am andern Morgen stehe ich als Erster auf und bereite das Frühstück vor. Auf dem kleinen Gaskocher brühe ich Wasser für den Kaffee.
Ich rufe ins Zelt: „Aufstehen, du Faulpelz! Das Frühstück ist parat!"

Keine Reaktion. Es bleibt ruhig im Zelt.

Ich rufe erneut: „Ich esse!" Ich bin es gar nicht gewohnt, dass Matthias beim Wort „essen" nicht sofort erscheint. Aber er kommt nicht.
Ich rufe ins Zelt: „Dein Kaffeeeee wird kalt" und hebe die Zeltplane hoch. Was ich dort zu sehen bekomme, macht mich stutzig: Matthias kauert im Zelt, hält sich mit beiden Händen die Ohren zu und Schweiss tropft ihm vom Kinn.
„Was ist mit dir los?", frage ich ihn und berühre ihn an der Schulter.
„Du musst aus dem Zelt kommen, hier drin kannst du noch einen Hitzschlag kriegen!" Ich bemerke seinen kalten Schweiss. Seine Augen sind leer und er zeigt keinerlei Reaktion.

Ich lege den Befehlston ein: „Komm sofort aus diesem Zelt heraus!!" Keine Reaktion. Ich realisiere, dass irgendetwas mit ihm geschehen sein muss. Zunächst tippe ich auf Fieber. Ich packe ihn und bugsiere ihn aus dem Zelt an die frische Luft, frottiere ihn ab. Ich führe ihn an seinen Platz an unserem Campingtisch. Er setzt sich hin, ohne ein Wort zu sagen, schaut in seine Tasse und regt sich nicht. Sein Gesicht wirkt wie eine steinerne Maske und noch immer hält er sich die Ohren zu. Er ist nicht fähig, eine Antwort zu geben oder sich auf irgendeine Weise auszudrücken. Er wirkt wie abgeschaltet. Ich bereite ihm eine Scheibe Brot zu und schiebe ihm diese hinüber: „Iss, und trink deinen Kaffee!" Keine Reaktion. In mir kommt Panik auf. Was soll ich tun? Was ist mit ihm?

In diesem Moment knackt es in den Lautsprechern des Campingplatzes und eine Stimme verkündet in französischer Sprache, dass ein Arzt hier auf dem Platz sei. Wenn jemand den Arzt zu sprechen wünsche, soll man sich an der Rezeption melden. Ich überlege fieberhaft. Erstens sind meine Französisch-Kenntnisse eher schwach, zweitens wird der Arzt ihm irgendein Pülverchen verschreiben und drittens müssen wir sowieso heim. Und das so schnell wie möglich! Ich lege Matthias auf die Luftmatratze unter einen Baum in den Schatten. Ich fasse seinen Kopf mit beiden Händen und komme ganz nahe: „Was ist mit dir los? Sprich mit mir! Ich will dir helfen, aber du musst etwas sagen!" Aber Matthias bleibt apathisch, völlig unfähig sich irgendwie mitzuteilen. Sofort reisse ich das Zelt ab, alles ins Auto geschmissen. Matthias bugsiere ich auf den Hintersitz. Er bleibt stumm.

Ich renne noch zur Rezeption des Campingplatzes, um die Rechnung zu bezahlen, und schon sind wir unterwegs. Ich jage den Wagen schonungslos über die Autobahn, immer am Tempo-Limit. Ich beginne zu rechnen, wie lange wir unterwegs sein könnten bis Basel, wenn ich dieses Tempo halten kann. Das müssten noch immer acht Stunden sein, das kommt auf den Verkehr an. Hinten auf dem Rücksitz scheint eine Leiche zu liegen, doch regt sich Matthias hin und wieder. Ich halte nach zwei Stunden Fahrt auf einem Rastplatz an und helfe Matthias aus dem Auto. Sofort geht er wieder in diese Kauerstellung und hält sich beide Ohren zu. Er sagt kein Wort. Ich mache ein Foto von ihm.

Am nahen Brunnen flösse ich Matthias Wasser ein, er lappt danach wie ein Lämmchen. Meine Gedanken kreisen. Ich bin mir im Klaren, dass etwas Schreckliches mit Matthias passiert sein muss, kann mir aber nicht erklären, was. Das einzig Beruhigende daran ist, dass sich sein Zustand stabil verhält, denn es hat sich seit Sête nichts daran geändert. Er ist weiterhin nicht ansprechbar, zeigt keinerlei Reaktion auf Fragen, bewegt sich wie ein Roboter, doch er atmet und sein Puls ist normal. Sein Blick ist starr und sein Gesichtsausdruck wirkt fremd. Das ist nicht mehr unser Matthias.

Ich frage ihn, ob er Hunger oder Durst habe. „Nein", ist die knappe Antwort. Es ist das erste Wort, das er an diesem Tag gesprochen hat. Also ist seine Sprache doch nicht abhanden gekommen. Ich versuche noch mehr aus ihm herauszuholen und frage, warum er denn immer die Ohren zuhalte.

„Ich höre Stimmen!"
„Was sagen denn diese Stimmen?", will ich wissen.
„Es ist ein Durcheinander!"
„Welche Sprache reden denn diese Stimmen?", forsche ich weiter.
„Sie reden Baseldeutsch!"
„Es ist deine eigene Stimme!", glaube ich zu wissen.
„Ich weiss es nicht!", sagt Matthias und versinkt im Auto in die Polster des Rücksitzes, dreht sich weg.

Weiter geht die Fahrt, ich fahre und fahre, endlich erreichen wir bei Genf die Landesgrenze zur Schweiz. Zum Glück lassen die uns gleich durch, der Zöllner wirft nur einen flüchtigen Blick nach Matthias, der auf dem Rücksitz döst. Auf der Autobahn fahre ich nie über dem Tempo-Limit mit dem Ziel, die Notaufnahme in Basel sicher und baldmöglichst zu erreichen. Was ich jetzt nämlich gar nicht brauchen könnte, wäre eine Radarfalle und langwierige Fragen. Lieber langsam ans Ziel, aber sicher. Ich stelle mir schon vor, wie ich beim Kantonsspital Basel in die Notaufnahme einbiegen werde.

Auf der Höhe von Lausanne halte ich auf einem Rastplatz an und telefoniere aus einer Kabine nach Hause. Ruth nimmt ab. Atemlos presse ich hervor, was passiert ist und dass ich nun mit Matthias auf direktem Weg zur Notaufnahme des Kantonsspitals Basel fahren will.

„Willst du mitkommen oder gehst du schon voraus? Soll ich dich vorher abholen?", frage ich Ruth.

„Nein, nein, verlier keine Zeit, fahr direkt zum Spital. Eventuell fahre ich in der Zwischenzeit mit dem Bus dorthin und kann euch dort treffen!"

Nach etlichen Stunden Fahrt ist es soweit. Müde, hungrig und durstig erreichen wir ohne Zwischenhalt die Notaufnahme des Kantonsspitals auf dem Bruderholz in Basel. Ich bugsiere Matthias aus dem Wagen. Er lässt sich wieder führen wie ein Hündchen. Er hält sich noch immer die Ohren zu. Ruth steht schon beim Eingang. Sie fragt entsetzt: „Was ist denn mit ihm los, was ist ihm passiert?" Ich meine nur: „Er ist heute so aufgewacht. Bald werden wir mehr wissen!" Ich schiebe Matthias in die Notaufnahme.

Es kommt eine Krankenschwester auf mich zu. Ich wehre ab: „Nein, nein, er!" und deute auf Matthias. Ich muss ja wie der Tod aussehen nach dieser langen Fahrt! Wir werden gebeten, Platz zu nehmen.

„Was haben Sie für Probleme?", will die Krankenschwester von Matthias wissen. Matthias schaut sie an, hält sich die Ohren zu und sagt nichts. Ich erkläre der Schwester, was passiert ist und dass wir nicht wissen, was mit ihm los sei.

Die Krankenschwester fragt, ob er Medikamente nehme. Ich zeige ihr einen Zettel mit der Benennung des Medikamentes, das er nehmen soll, aber wir hätten im Moment keine mehr, weil wir sie in einem Hotel in Frankreich vergessen hätten.
Es werden noch die Personalien aufgenommen, die Krankenkassen-Nummer usw. Ich denke bei mir, ja, ist denn das jetzt so wichtig und ich werde ungeduldig. Die Frau sagt: „Es kommt gleich ein Arzt, warten Sie hier!"

Es geht schnell. Keine Minute später kommt ein Notarzt. Er schaut Matthias an, macht gründliche Standard-Tests. Es dauert fast eine Stunde, bis der Arzt sagt: „Äusserlich kann man nichts feststellen, aber wir werden noch eingehendere Untersuchungen machen müssen. Am besten bleibt er bis morgen hier!"
„Ich will nicht ins Spital!", klagt Matthias.
„So schlimm wird das nicht sein! Zunächst müssen sie ja abklären, was überhaupt mit dir los ist. Sie wollen dich nur beobachten!" Wir lassen Matthias im Spital zurück und fahren nach Hause.

Als ich am nächsten Tag ins Spital komme, um nach Matthias zu sehen, klärt mich der Arzt auf: „Er leidet an einer schweren Psychose. Genaueres können wir noch nicht sagen. Es wird weitere Abklärungen brauchen!"
„Wie konnte denn diese Psychose so plötzlich auftreten?", will ich wissen.
„Die genaue Ursache kann nicht eruiert werden. Es steht aber fest, dass ein schwerer Schock der Auslöser war", meint der Arzt.

Wir werden wieder an die Externe Psychiatrie des Kantonsspitals verwiesen: „Wenden Sie sich an diese Stelle, dort wird sich eine Ärztin um Matthias kümmern!" Wir bekommen die Adresse der Ärztin. Im Moment können wir gehen und Matthias mitnehmen.

Ruth kommt nicht mehr dazu, die Haushaltung zu machen und ich muss wieder zur Arbeit. Matthias bleibt vorerst bei uns zu Hause. Am Tisch beim Essen verhält sich Matthias noch immer sehr sonderbar. Er holt mit der Gabel zwei Nudeln und führt sie im Zeitlupen-Tempo zum Mund. Aber mitten in der Bewegung hält er inne und erstarrt völlig in der Bewegung. Es ist, als ob ein Motörchen stehengeblieben sei. Ich schubse ihn an: „Du musst essen, sonst fällst du aus dem Leim!"

Es dauert ein paar Tage, da findet Matthias die Sprache wieder. Zunächst fällt mir dabei gar nichts auf, bis Ruth zu mir sagt: „Merkst du eigentlich, dass Matthias nicht mehr stottert?" Ich erstarre: „Tatsächlich, du hast recht!"

Bisher ist Matthias ein Stotterer gewesen, mit zu- und abnehmender Intensität. Einmal brachte er kaum ein Wort hervor, dann wieder stiess er nur gelegentlich an. Aber jetzt hat er das Stottern ganz verloren. Wir wollen uns schon darüber freuen, da merken wir aber, dass sich Matthias gravierend verändert hat. Er lebt in einem andauernden Angstzustand. Er faselt ständig etwas von „Ich werde ferngesteuert!" und verkriecht sich im hintersten Winkel seines Zimmers. Auch verträgt er keine Musik mehr. Wenn wir das Radio einschalten, ruft er: „Stell das ab!" Er hört andauernd Stimmen. Manchmal duckt er sich plötzlich und hält sich die Ohren zu. Jetzt reden wohl diese Stimmen wieder zu ihm!

„Was sagen denn diese Stimmen?", forsche ich.

Matthias antwortet erst nach einer Weile: „Sie sagen, ich solle mich umbringen!"

„Willst du dich denn umbringen?", frage ich weiter.

„Ich will nicht mehr leben, ich habe derart Angst! Ich werde ferngesteuert!"

„Einen Menschen kann man nicht fernsteuern", versichere ich ihm. „Unser Gehirn funktioniert nicht wie ein Radio oder ein Telefon, denn im Gehirn gibt es keine Elektronik."

Matthias kommt nahe zu mir und fragt: „Habe ich eine Antenne auf dem Kopf?"

„Warum solltest du eine Antenne auf dem Kopf haben?"

„Weil ich ferngesteuert werde!"

„Erzähl keinen Unsinn!", beschwichtige ich ihn und wiederhole: „Man kann einen Menschen nicht fernsteuern! Man kann eine Rakete, ein Flugzeug oder einen Roboter fernsteuern, aber nicht einen Menschen. Unser Gehirn funktioniert elektro-chemisch und nicht elektronisch, da kann niemand von aussen eingreifen. Auch nicht mit einem noch so starken Sender!"

Matthias: „Ist das sicher?"

„Natürlich! Da bin ich ganz sicher!"

„Aber es könnte sein, dass es doch geht, vielleicht wissen wir nur nicht alles!"

Ich überlege, wie ich ihm das klar machen könnte: „Jeder Mensch ist sein eigener Herr, es kann niemand einen anderen so beeinflussen, dass er diesen steuern könnte. Er kann ihn zwar bedrohen, er würde ihn schlagen, wenn er jetzt nicht sofort dieses oder jenes tun werde. Aber steuern kann man einen Menschen nicht. Wenn wir etwas tun, dann wollen wir das selber."

Matthias geht zu Ruth und stellt ihr dieselben Fragen. Ich höre sie sagen: „Nein, sicher nicht!" ... „Niemand kann das!" ... „Nein, du hast keine Antenne auf dem Kopf!" ... „Erzähl doch keinen Unsinn!" ... „Lass mich in Ruhe!"

Matthias legt sich auf den Boden, strampelt mit den Beinen und dreht sich im Kreis: „Ich will nicht ferngesteuert werden! Ich will nicht! Helft mir, ich will nicht ferngesteuert werden!" Dabei will er sich die Haare ausreissen. Er fängt an zu toben: „Ich will nicht mehr leben! Bringt mich um!"

Ruth sagt zu mir: „Lass ihn einfach in Ruhe, man kann ihm nichts klar machen! Das Einfachste wird sein, wenn wir ihn bei einem Tobsuchts-

*Matthias im Doggeli*

anfall ins Zimmer schicken und sich selbst überlassen. Denn sobald er uns sieht, fängt es wieder an. Ich bin überzeugt, dass es ein Stück weit Theater ist!"

So schieben wir ihn in sein Zimmer und überlassen ihn sich selber. Tatsächlich bleibt es ruhig im Zimmer. Allzu ruhig.

Leise öffne ich die Tür einen Spalt und schaue hinein. Was ich dort sehe, ist höchst beunruhigend: Matthias liegt auf dem Bett, in unnatürlich verrenkter Weise, den Kopf am Boden und die Beine an die Wand hochgestreckt. Dabei hält er sich die Ohren zu und hat diesen starren Blick. Ich schliesse die Tür leise und gehe zu Ruth: „Wir sollten etwas unternehmen, das sieht ja schrecklich aus, wie er verrenkt dort liegt!"

„Im Moment können wir gar nichts machen", sagt Ruth. „Morgen haben wir eine Besprechung mit dieser Ärztin in der Externen Psychiatrie, dann werden wir das zur Sprache bringen!"

## 8. Der lange Kampf beginnt

Wir wenden uns erneut an die Externe Psychiatrie, wo Matthias schon seit einem Jahr in Behandlung ist. Wir warten im Korridor des Spitals. Neben uns sitzt eine Frau. Matthias fragt uns ständig: „Werde ich ferngesteuert? Ist das alles noch normal? Habe ich eine Antenne auf dem Kopf?" Die Frau schaut uns fragend an. Wir geben keine Antwort auf die andauernden Fragen von Matthias. Ich weiss auch gar nicht, wie ich mich verhalten soll. Hoffentlich lässt er diese Frau in Ruhe mit seiner Fragerei!

Jetzt werden wir ins Büro gerufen, zu Herrn Doktor Werek. Wir erfahren, dass Frau Dr. Grün ihr Praktikum mittlerweile beendet hat und ausgetreten ist. Jetzt ist Dr. Werek für Matthias zuständig. Er wird diese Aufgabe für ein Jahr übernehmen. Der Arzt spricht im Fall von Matthias von einer Schizophrenie. Er sagt weiter: „Früher hatte man diese Krankheit mit Elektro-Schocks behandelt und sogar mit gutem Erfolg. Davon ist man aber ganz abgekommen, weil die Wirkung zu wenig spezifisch und auch nicht erklärbar ist. Dazu kommt noch, dass auch diese Elektro-Schocks nicht harmlos sind und falsch angewendet werden können. Heute hat man mit Medikamenten bessere Erfahrung gemacht. Allerdings muss man die Nebenwirkungen im Auge behalten. Ohne Medikamente kommen wir bei Matthias nun aber nicht mehr aus."

Der Arzt verschreibt ihm gleich ein anderes Medikament, ebenfalls ein Psychopharmakon. Es trägt die Bezeichnung Dapotum.
„Dieses muss er vorläufig drei Mal täglich einnehmen. Mehr können wir im Moment nicht für Matthias tun."

Matthias ist nun zwar wieder ansprechbar, gibt aber nur zögerlich ganz knappe Antworten. Hin und wieder hält er sich die Ohren zu und verhält sich ganz still.

Wir erklären dem Arzt später, dass Matthias sehr naturverbunden sei und wir mit ihm sehr oft in den Wald spazieren gingen. Da wir eine grössere Wanderung planen, nämlich eine Fernwanderung von Basel ins Tessin inklusive Traversierung der Alpen zu Fuss, taucht natürlich die Frage auf, ob Matthias uns dabei begleiten könne. Wir wollen diese Wanderung nicht am Stück machen, sondern immer in Etappen von nur zwei Tagen, Samstag und Sonntag. Nach jeder Etappe fahren wir dann wieder nach Hause und gehen während der Woche unserer gewohnten Arbeit nach.

Der Arzt findet es eine ausgezeichnete Möglichkeit und empfiehlt uns, ihn mitzunehmen. Zu guter Letzt verschreibt er ihm noch ein zweites Medikament, Akineton, welches er zusammen mit Dapotum einnehmen müsse.

Es stellen sich schon bald unverkennbare Nebenwirkungen ein: Matthias isst wie ein Drescher! Beim Wort „essen" eilt er an den Tisch und spachtelt sofort los, auch wenn noch gar nicht alle am Tisch Platz genommen haben.

Ruth ermahnt ihn: „Man wartet gefälligst, bis alle am Tisch sitzen!"

„Ich habe Hunger!", ist die Antwort und er stopft weiter. Er nimmt merklich an Gewicht zu. Aber das ist ja nicht so schlimm, gemessen am anderen Problem.

Bei weiteren Besprechungen mit Herrn Dr. Werek gewinnen wir den Eindruck, dass dieser nur die Medikamentierung von Matthias im Auge hat und ansonsten keinerlei Bemühungen unternimmt, ihn zu untersuchen, etwas für ihn zu tun oder zu organisieren. Wir glauben auch immer wieder herauszuhören, dass er Matthias aufgegeben hat. Für ihn ist dies der leichteste Weg. Wir Eltern wollen aber Matthias nicht einfach aufgeben. Er ist unser Sohn. Die letzte Verantwortung tragen wir. Daher müssen wir das Programm für Matthias selber in die Hand nehmen. Zusammen mit Ruth stelle ich für Matthias einen Tagesplan auf. Dabei wird uns bewusst, dass wir beide berufstätig sind. Woher sollen wir überhaupt die Zeit nehmen, mit Matthias auch noch ein Pensum durchzuarbeiten?

Ruth sucht nach Möglichkeiten, wie wir Matthias mit sich selber beschäftigen könnten. Da gibt es alltägliche Hausarbeiten wie Staub saugen, Geschirr abtrocknen, die Garage wischen usw. Er braucht aber eine Betreuung. Diese Betreuungsaufgabe übernimmt Ruth während der Tagesstunden. Zudem gibt sie ihm Arbeiten wie Wandteppiche knüpfen oder Laubsäge-Arbeiten mit Sperrholz, zumal ihm ja das Arbeiten mit Holz geläufig ist. Damit kann man ihn gut allein lassen.

Ich übernehme die Aufgabe, mit Matthias einmal in der Woche ins Hallenbad nach Muttenz zu fahren. Wir sind überzeugt, dass dies eine gute Therapie für ihn ist. Er soll jedes Mal zehn Längen schwimmen und mehrmals vom Sprungbrett springen. Der Badmeister des Hallenbads, Adrian, offeriert mir, dass nur Matthias einen Eintritt zu zahlen braucht, ich kann – als Begleiter einer behinderten Person – gratis eintreten.

Das Hallenbad erweist sich als gute Sache. Zwar sträubt sich Matthias mit jeder Faser, hinzugehen. Aber ich lasse nicht locker. So fahren wir jede Woche einmal nach Muttenz ins Hallenbad. Der Badmeister Adrian wird schon bald unser Freund. Adrian feuert Matthias vom Schwimmbeckenrand aus an, seine Längen zu schwimmen und ruft ihm zu: „Wie viele Längen hast du nun schon, Matthias?"
„Sieben!", ist die Antwort aus dem Wasser.
„Dann musst du noch drei!", ruft Adrian zurück.
Matthias: „Nein, nein, nur noch bis zur Leiter!"
„Nichts da!", kontert Adrian, „du machst noch drei Längen, ich

kontrolliere das!" Und Matthias zieht noch seine drei Längen durchs Wasser.

Es ist leicht erkennbar, dass Matthias das Baden gut tut und es ihm sofort besser geht. Ich schwimme nebenher mit und rufe ihm zu: „Ist das nicht wunderbar?"

Matthias findet langsam den Umgang mit sich selber wieder, doch seine Krankheit taucht täglich mehrmals in Schüben auf. Da kann er plötzlich in sich zusammen sinken, bekommt einen starren Blick und verkriecht sich. Dabei liegt er in seltsam verrenkter Haltung am Boden oder auf dem Bett, hält sich die Ohren zu und stöhnt: „Ich habe Angst, ich will nicht mehr leben!"
Ruth sagt dazu: „Matthias hat wieder das Doggeli, wir müssen ihn in Ruhe lassen!" Tatsächlich geht es ganz gut, wenn wir ihn mit dem Doggeli alleine lassen. Denn sobald er uns sieht, jammert er auf uns ein, wie schlecht es ihm gehe.

Im Keller arbeitet Matthias täglich an seiner Werkbank. Dort sägt er Figuren aus, die Ruth als Tischdekoration verwenden kann. Er muss die Figuren auch abschleifen und bemalen. Solche Arbeiten kann er wirklich ganz gut.
Auch holt er bei jeder Gelegenheit eine Weltkarte oder eine Europakarte hervor und studiert diese. Dabei entwickelt er unglaubliche Fähigkeiten. Wenn er nur die Umrisse eines Landes oder einer Insel sieht, weiss er sofort, wo das ist und wie die Hauptstadt heisst. Sogar die Quadratkilometer der Städte und die Kürzel der Autokennzeichen von Deutschland lernt er auswendig und er erklärt: „HH steht für Hamburg, weil es eine Hansestadt ist! Auch Bremen ist eine Hansestadt, drum heisst es auch HB! Ein B alleine steht für Berlin."

Doch immer wieder kommen diese Abstürze. Als ich einmal von der Arbeit nach Hause komme, kniet Matthias inmitten der Stube, mit vor Angst verzerrtem Gesicht, über einer Deutschlandkarte und bedrängt mich: „Bringe mich über meiner Lieblingskarte um!" Ich schaue ihn an und erkenne wieder diesen fremden Blick in seinen Augen.

„Das darf man nicht tun, einen Menschen umbringen!", erkläre ich ihm. „Oder willst du, dass ich ins Zuchthaus komme?"

„Du kannst mich ja erwürgen, dann kannst du nachher sagen, ich hätte mich selber erwürgt!"

„Niemand kann sich selber erwürgen! Sobald du bewusstlos wirst, lässt du automatisch los und wachst wieder auf!"

„Aber du bist doch Chemiker, du könntest mir ein Gift geben!"

„Dann würden die mich einsperren!"

„Du kannst ja das Gift ins Badezimmer stellen und es mir zeigen! Wenn du dann nicht da bist, nehme ich es und es kann dir niemand etwas nachweisen!"

Ich atme tief durch: „Du musst gegen deine Angst kämpfen, Matthias, das Leben ist doch so schön! Denk doch nur einmal an alle die schönen Reisen, die wir noch machen können! Denke ans blaue Meer und an die Wellen!"

„Dann sag mir wenigstens, wie man sich selber umbringt, du weisst doch sicher, wie das geht!"

„Jetzt hör endlich auf! Wenn du dich selber umbringst, dann ist der Liebe Gott böse mit dir und schickt dich in ein Land, wo sie hungern und darben müssen. Dann kannst du darüber nachdenken, ob es hier nicht doch besser gewesen wäre!"

„Aber ich will nicht mehr leben! Ich will nicht mehr und ich kann nicht mehr! Und der Liebe Gott da oben ist gar kein lieber Gott, er ist ein böser Gott, dass er mich hier so zurücklässt! Ich habe niemandem etwas getan und werde so bestraft. Gott sollte mal selber auf die Welt kommen und mit dieser Angst leben müssen, dann würde er seine eigene Schöpfung verfluchen!"

„Jetzt hör auf, versündige dich nicht! Der Liebe Gott hat dir einst eine Hand voll Zeit gegeben und zu dir gesagt: ‚Nimm deine Zeit und mach das Beste daraus' und du weisst nichts Gescheiteres, als dein Leben wegwerfen zu wollen!"

Ich schubse Matthias zu seinem Bett: „Leg dich ein wenig hin und versuche zu schlafen. Wenn du aufwachst, ist alles wieder gut!" Er legt sich hin. Aber Matthias fleht mich an: „Bring mich um, bitte!!" Er packt mich am Arm, ich spüre, wie es in ihm bebt. Mit der Hand fahre ich durch sein Haar und kann nichts mehr sagen.

„Du musst mich nicht streicheln, sondern umbringen!", fleht er mich an. Ich wende mich ab, kann eine Träne nicht mehr unterdrücken und stammle: „Versuche jetzt ein wenig zu schlafen, und wenn du dann aufwachst, schauen wir zusammen die Weltkarte an!" Ich gehe aus dem Zimmer und schliesse die Tür. Er ruft mir noch tausend Fragen nach. Ich lehne mich an die Wand und lasse den Kopf sinken. Wenn ich nur wüsste, wie ich ihm helfen könnte!

Mit Ruth rede ich über den Vorfall. Sie bleibt bei ihrer Ansicht, dass wir gar nichts tun können als ihn zu isolieren, wenn er das Doggeli hat. Wenn er allein sei, überstehe er es wohl am besten und wir auch. Ich lausche hin und wieder an seiner Tür, kann aber nichts hören. Ruth sagt nach einiger Zeit: „Geh mal hinein und schaue, ob er noch atmet!" Jetzt öffne ich die Tür zu seinem Zimmer und erwarte, dass er wieder verrenkt da liege. Aber Matthias sitzt am Tisch und knüpft an seinem Wandteppich. Er schaut mich lachend an: „Du hast mir mit deinen grossen heissen Händen das Kleid zerrissen!" Jetzt ist er doch tatsächlich wieder bei den Filmen, dieser Ausspruch stammt aus dem Film „Der grosse Blonde mit dem schwarzen Schuh"! Dabei lacht Matthias derart schrill, wie wir es schon damals in seinen glücklichen Zeiten im Theater beim Stück „Das tapfere Schneiderlein" gehört haben. Er doppelt nach: „Sie bumst mit dem Blumenfritzen!" Eine Aussage aus demselben Film. Ich staune ob dieser derben Ausdrucksweise, die von den Lippen einer männlichen Jungfrau direkt surreal wirkt. Matthias hat noch nie etwas mit einer Frau zu tun gehabt.

Es ist erstaunlich, wie rasch seine Stimmung umschlagen kann! Vorher wollte er nicht mehr leben, und jetzt lacht er wieder glockenhell.

Wir müssen konstatieren, dass Matthias an einem Tag zwei- bis dreimal das Doggeli hat, und das hält jedes Mal eine bis zwei Stunden an. Wir müssen uns wohl darauf konzentrieren, dass wir seine gute Zeit voll für ihn nutzen.

\*

In diesem Herbst 1994 wird Matthias von der IV für hundert Prozent invalid erklärt und ist in keiner Weise arbeitsfähig, nicht einmal an einem geschützten Arbeitsplatz. Trotzdem müssen wir etwas finden, wo er hingehen kann, denn für uns ist die Belastung auf die Dauer einfach zu gross.

Herr Dr. Werek offeriert uns, er habe einen Platz für Matthias gefunden, wo er tagsüber hingehen könne und wo er beschäftigt werde. Dies, um uns zu entlasten. Es sei eine Tagesklinik. So kann er tagsüber ein Beschäftigungs-Programm mitmachen, Holzspielsachen fertigstellen oder Bastelarbeiten jeglicher Art ausführen. Abends ist er dann wieder bei uns.

Das wäre ja eine ideale Sache gewesen, wenn nicht ... leider gibt es dort ein paar schlechte Einflüsse für Matthias. Die anderen Patienten sitzen nur herum und machen ihre Arbeit nicht. Kaffeetrinken und Rauchen stehen auf dem Programm. Widerwillig nehmen wir zur Kenntnis, dass Matthias von den anderen Tagesklinik-Insassen zum Rauchen animiert wird. Wir hatten geglaubt, weil wir selber Nichtraucher sind, würde ihm das Rauchen auch nichts sagen. Jetzt kauft er sich Zigaretten und qualmt uns die Bude voll. Ruth ist in diesen Dingen sehr konsequent und verweist ihn auf den Balkon: „Wenn du schon rauchen musst, dann nicht in der Wohnung! Ich kann diesen abgestandenen kalten Rauchgestank nicht ausstehen! Entweder gehst du auf den Balkon, um zu paffen, oder du machst einen Spaziergang und rauchst draussen! Hier in der Wohnung kommt das nicht in Frage! Sonst kannst du deinen Bündel packen und gehen, wohin der Pfeffer wächst!"

Matthias nimmt diese Drohung nicht ernst und pafft schon wieder, als Ruth einmal nicht da ist. Ich setze mich neben ihn und mache ihm klar, dass das Rauchverbot nicht nur dann gelte, wenn Mami da ist. Laut und deutlich sage ich: „Auch ich will nicht, dass du in unserer Wohnung rauchst!" Und leiser: „Ich habe dir gesagt, dass du immer bei uns bleiben kannst. Wenn du dich aber nicht an das Rauchverbot hältst, wollen wir dich hier nicht mehr sehen!"

Das wirkt! Fortan lässt er das Rauchen sein.

Ein anderes Problem mit den Kollegen in der Tagesklinik ist diese elende Flucherei. Auch in seiner Ausdrucksweise wird Matthias vulgär: Dort geht nicht eine Frau, sondern eine Fotze. Ich fahre ihm jedes Mal übers Maul, wenn er derartige Ausdrücke benutzt. Aber die sind bei ihm bereits derart eingefahren, dass man sie ihm nur sehr schwer abgewöhnen kann.

„Bei uns wird nicht so geredet, dass passt nicht in unsere Familie", sage ich zu ihm. „Diese primitiven Ausdrücke passen schon gar nicht zu dir, denn du bist nicht so erzogen worden!" Wir müssen wohl hinnehmen, dass etwas von diesem Mist bei ihm hängenbleibt.

Da ist noch ein dritter negativer Einfluss, mit welchem Matthias allerdings souverän umgeht: Ein Homosexueller stellt ihm nach! Es bleibt dabei nicht nur bei obszönen Bemerkungen zu Matthias, da kommen auch Briefe! Einmal zeigt mir Ruth einen Brief, welchen ihr Matthias gegeben hat. Es ist ein Brief von einem Typen von der Tagesklinik. Es stehen Worte drin wie „blasen" oder „spritzen". Ruth meint dazu nur: „Es gibt doch unglaublich primitive Kerle!" Matthias hat Gott sei Dank kein Problem damit. Er kommt von sich aus zu mir: „Dieser Idiot glaubt wirklich, ich gehe auf seine Schweinereien ein!"

Weitere Briefe, die ankommen, zerreisst er ungelesen, sobald er nur schon den Absender erkennt.

Trotzdem hat diese Tagesklinik natürlich auch Positives. Es ist jemand dort, der nach dem Rechten sieht und wir sind entlastet. Er kümmert sich nicht um die anderen. Leider müssen wir vom Heimleiter erfahren, dass Matthias nur in die Tagesklinik komme, um zu schlafen. Wenn er nicht schlafe, dann quatsche er den andern den Kopf voll mit seinem „ferngesteuert" werden, bis ihm alle davon laufen. Er mache sie fast wahnsinnig mit seiner Fragerei. Es wird diskutiert, ob Matthias überhaupt bleiben könne.

Bei der nächsten Besprechung bei Dr. Werek bringen wir das Tagesklinik-Problem zur Sprache. Er schlägt vor, dass wir Matthias in eine kantonale psychiatrische Klinik einweisen. Er könne dort ein Zimmer beziehen und es würde nach ihm geschaut. Sie hätten dort auch Therapie-Programme und er wäre unter ständiger ärztlicher Aufsicht.

Wir bekommen einen Termin zur Besichtigung einer psychiatrischen Klinik. Ich gehe mit Matthias hin. Als er aber nur schon die langen Korridore unter künstlichem Neon-Licht erblickt und die vielen Patienten auf engem Raum, will er sofort wieder gehen: „Hier drin bekomme ich Angstzustände bei all den vielen Leuten, da will ich nicht hin!" Er zieht mich am Arm. „Komm wir gehen!", sagt er und bedrängt mich. Kaum draussen, atmet er tief durch, blickt zurück auf die Fassade der Klinik und sagt mit allem Nachdruck: „Hier will ich nicht bleiben!" Wir fahren nach Hause.

Herr Dr. Werek ist immer seltener erreichbar und lässt sich öfter von einer Psychologin vertreten. Diese äussert vor allem Befürchtungen betreffend der Suizidgedanken von Matthias.
„Das dürfen Sie keinesfalls auf die leichte Schulter nehmen!", sagt sie. Die Frau ist auch überzeugt, dass die Medikamente ihre Wirkung verfehlen. Man dürfe nicht zu lange warten, vor allem diese Stimmen müssten endlich ganz zum Verstummen gebracht werden!

Wir erhalten später von ihr ein Rezept, ausgestellt von Dr. Werek. Er verschreibt Matthias ein anderes Medikament, Risperdal, ebenfalls ein Psychopharmakon. Die vertretende Psychologin macht uns darauf aufmerksam, dass dieses Medikament Muskelschlottern verursachen könne. Man müsse Matthias genau beobachten und Meldung machen, wenn etwas nicht stimmt.

Das sind ja tolle Aussichten! Schon bei den Medikamenten Dapotum und Akineton hatte ich den Eindruck, dass ausser Nebenwirkungen gar nichts passiert sei. Muskelschlottern! Jetzt noch das! Ich stelle mir vor, wie es Jack London in einem seiner Romane beschrieben hatte: „Er war ein kranker schlotternder Affe!" Wenn auf dem Beipackzettel des Medikaments stehen würde, es könne sein, dass auf dem Rücken des Patienten Ansätze von Flügeln wachsen, dann würde Matthias sofort wie ein Maikäfer davonfliegen! So stelle ich mir das vor.

Matthias nimmt nun das Risperdal anstelle der früheren Medikamente. Die erste Nebenwirkung, die wir beobachten, sind plötzlich auftretende Brechreize. Er muss vom Essen weg aufs WC rennen und übergibt sich. Dies vor allem am Morgen beim Frühstück. Er tut uns sehr leid. Er ist doch in einem Alter, wo er mit einer Freundin Arm in Arm spazieren gehen sollte. Stattdessen kämpft er ums nackte Überleben. Er muss aber die Medikamente weiter nehmen, weil es das kleinere Übel ist. Es bleibt uns nur zu hoffen, dass die Medikamente ihm auch helfen.

Aber auch diesmal bleibt jede positive Wirkung aus. Dafür isst er fast nichts mehr und nimmt an Körpergewicht massiv ab.

Trotzdem besteht Herr Dr. Werek darauf, dass Matthias das Medikament weiterhin nehmen soll. Erstmals widersetze ich mich einem ärztlichen Bescheid und werfe die Tabletten weg. So nicht! Allerdings teile ich dem Arzt dies mit.

## 9.  Es kommt noch schlimmer!

In diesem wunderschönen Herbst 1994 beginnen wir unsere angekündigte Fernwanderung in den Süden unseres Landes. An einem kühlen Herbstmorgen geht es los, von Basel Sankt Jakob, mit Wanderschuhen und Rucksäcken. Matthias geht sofort weit voraus, er spürt wieder die Natur und zieht von dannen wie eine Lokomotive. Links von uns murmelt der Fluss sein Lied und ich frage mich, wie viel Wasser noch die Birs hinunter fliessen muss, bis Matthias von seiner Angst befreit wird.

Auf der alten gedeckten Holzbrücke bei Münchenstein überqueren wir die Birs. Mir kommt ein Lied in den Sinn aus meinen Kindertagen und ich summe es vor mich hin:

> *Du Silberbächlein hell und klar,*
> *Du eilst vorüber immerdar,*
> *Ich steh am Ufer, sinn und sinn.*
> *Wo kommst du her? Wo gehst du hin?*

Ruth kennt dieses Lied auch. Es ist, als ob unser Leben da unten im Wasser vorüber zieht. Man kann von einem Fluss viel lernen: Alles geht vorbei, und was einmal vorbei ist, kommt niemals wieder. Eines Tages wird seine Strömung enden und das Wasser ergiesst sich ins Meer. Dann ist der Fluss tot. Aber halt, so einfach ist die Sache nicht. Wenn da die Sonne nicht wär! Sie lässt das Wasser aus dem Meer verdunsten und treibt Wolken übers Land. Es fällt Regen und der Fluss beginnt von neuem. Er kommt wieder an derselben Stelle vorbei, von der es doch geheissen hat: Vorbei ist vorbei! Ich schaue der Birs nach in die Ferne. In der Natur ist alles Kreislauf. Auch das Leben ist Kreislauf.

Wir wandern in der ersten Etappe unserer Tessin-Wanderung zwei Tage, Samstag und Sonntag, dann fahren wir mit dem Zug nach Hause. Am nächsten Wochenende fahren wir mit dem Auto jeweils ans Ziel vom letzten Wochenende, das der Startpunkt der neuen Etappe ist, und setzen unsere Wanderung für zwei weiter Tage fort. Am Ziel jeder Etappe steigen wir wieder in den Zug, fahren zurück zum Auto und mit diesem nach Hause. So stehen wir nach der vierten Wochenend-Etappe bereits vor den Schweizer Alpen. Da es November geworden ist, unterbrechen wir diese Wander-Etappen angesichts des nahenden Winters 1994/95.

Matthias ist auf diesen Wanderungen gut zu haben. Wir erkennen, dass es der richtige Weg ist, mit ihm umzugehen. Der Kontakt mit dem Boden, mit der Luft, mit der Sonne und dem Regen – es ist ein Kontakt mit der Realität. Das ersetzt ihm sämtliche Medikamente. Wir geben ihm trotzdem wieder die früheren Medikamente Akineton und Dopotum, das Risperdal ziehen wir nicht mehr in Betracht.

Im Frühling 1995 setzen unsere Fernwanderung an derselben Stelle fort. Es geht nun aufs Brienzer Rothorn mit der Seilbahn und auf der anderen Seite mit der Brienzer Rothorn-Bahn hinunter. Bei der Mittelstation nehmen wir allerdings wieder den Wanderweg unter die Füsse nach Brienz. Wir wollen keinen Rekord aufstellen, drum nutzen wir teilweise auch die Bergbahnen.

Weiter geht es durch die Aareschlucht Richtung Alpen. Zwar hat Matthias immer wieder das Doggeli, aber es wirkt sich nicht mehr so schlimm aus. Matthias ist richtig gut drauf, die Natur mit den Bergen, Wäldern, Käfern und Blumen hat es ihm angetan. Immer wenn er einen Käfer eilig gehen sieht, sagt Matthias zu uns: „Schaut, der ist auf dem Weg zum Kindergarten!" Matthias erinnert sich dabei wohl an die glücklichste Zeit seines Lebens.

Ruth meint: „Wenn wir mit Matthias andauernd unterwegs sein könnten, würde er wieder gesund! Dazu müssten wir aber pensioniert sein und über genügend Kleingeld verfügen."

Matthias bietet uns an: „Nehmt all mein Geld, ich gebe es fürs Reisen!" Zwar verfügt Matthias über beachtliche Ersparnisse, denn im Ausgeben von Geld ist er sehr zurückhaltend. Vor allem, weil Ruth es ihm einteilt. Aber es ist schnell ausgerechnet, dass es nicht weit reichen würde. Auch nicht, wenn wir alles zusammenlegen.

Wir machen ein Gedankenspiel: Man könnte alles verkaufen, den Erlös auf ein Konto einzahlen, die Wohnung aufgeben und nur noch unterwegs sein! Aber sofort kommt wieder der Ruf nach Sicherheit: Was wenn …? Es ist schwer, alles loszulassen. Da lesen wir an einer Kuhweide eine denkwürdige Inschrift auf einem kleinen Zettel am Gatter:

*Lieber Wanderer*
*Mach das Gatter zu*
*Sonst flieht die Kuh*
*Sie ist nicht so dumm wie du!*

Es kommt mir das Märchen vom Hans im Glück in den Sinn. Der ist doch auch einfach gegangen und war dabei so froh. Wie hatte er das gemacht?

Ruth erinnert: „Ja, aber Hans im Glück war erst dann froh, als er gar nichts mehr hatte! Zuerst bekam er doch vom Meister diese Goldstücke als Lohn, doch hatte er Angst, sie könnten gestohlen werden. Er kaufte damit ein Pferd, doch dieses brauchte sehr viel Pflege. Er tauschte das Pferd gegen einen Wetzstein, doch der war zu schwer. Erst als er den Wetzstein wegwarf und er gar nichts mehr bei sich hatte, war er wirklich frei und glücklich!"

Obwohl es eine Postauto-Linie auf den Grimselpass gibt, nehmen wir den Säumerpfad und bezwingen den Pass zu Fuss. Der Grimselpass führt vom Haslital Kt. BE ins Goms Kt.VS und klettert auf über 2100 Meter über Meer. Unglaubliche Bergwelt! Wir sitzen in luftiger Höhe an einem Bergsee, dem Totensee, und verpflegen uns aus dem Rucksack. Totensee, welch mystischer Name für einen derart romantischen Bergsee. Ich hatte einmal gelesen, dass an dieser Stelle Napoleons Truppen gegen die Truppen von General Suworow gekämpft hatten und es viele Tote gegeben habe. Matthias meint dazu: „Das waren ja schon blöde Hunde! Die wären gesund gewesen und machen sich gegenseitig kaputt, und ich bin krank und muss leben!"

Von jetzt an kehren wir nach den Etappen nicht mehr heim. Wir machen die letzten fünf Tage der Fussreise am Stück. Die Hin- und Rückreise wäre zu aufwändig.

Es geht entlang der alten Furkastrasse abwärts durch den Goms bis nach Ulrichen. Dort zweigen wir nach links ab, die Steigung beginnt wieder. Nun noch den vernebelten Nufenen-Pass bis auf über 2400 Metern Höhe, und wir sind im Tessin. Wir folgen dem Fluss Ticino durchs Val Bedretto bis nach Airolo.

Es geht auf dem Höhenweg – der Strada Alta – die Leventina hinunter. Wir sind entzückt ob der imposanten Dörfer, die an steiler Felsenkluft kleben. Vor Biasca, in Schwindel erregender Höhe, steigen wir einen schmalen Pfad durch die Felsen hinab. Die Dunkelheit holt uns ein. Mit einem winzigen Taschenlämpchen leuchte ich den steilen Weg aus. Die Felsen ziehen wie Gespenster über uns vorbei. Matthias ist sichtlich beeindruckt von den düsteren Felsen, die uns umgeben. Dieses Erlebnis vergessen wir nie.

Am nächsten Tag geht es weiter nach Süden, die ersten Palmen erscheinen am Weg. So erreichen wir glücklich Bellinzona. Wir sind siebzehn Wandertage unterwegs gewesen. Matthias fragt: „Wann machen wir von hier aus weiter?"

*

Im Februar 1995 stirbt mein Vater im Spital an einer Lungenentzündung. Er ist 81 Jahre alt geworden. In Basel tobt gerade der Morgestraich. Es ist der Montag der Basler Fasnacht.

Matthias ist sehr betroffen vom Tod seines Grossvaters. Er war für ihn immer „Grosspapa Wiessler" und hat immer Freude gehabt, wenn dieser zu uns zu Besuch gekommen ist.
Ruth zu Matthias: „Es wird auch der Tag kommen, wo wir nicht mehr da sind. Niemand weiss, wann das ist. Daher musst du jetzt schon lernen, auf eigenen Beinen zu stehen!" Wir wissen wohl selber, dass das eine Illusion ist.

*

Es ist Sommer 1995. Matthias wohnt noch immer bei uns. Im kleinsten Zimmer unserer Wohnung begnügt er sich mit einem Klappbett, einem Tischchen und einem Stuhl.

Herr Doktor Werek hat in der Externen Psychiatrie sein Praktikum beendet und neu ist eine Frau Doktor Hilber für Matthias zuständig. Sie ist eine ausserordentlich sympathische Frau und setzt sich sofort sehr für Matthias ein.
Sie will von uns genau wissen, wo Matthias schläft, wo er isst und wie wir ihn beschäftigen. Sie erfährt von uns, dass Matthias bei uns wohne und dass er sein eigenes Zimmer habe. Wir erklären auch, dass Matthias bei uns zum Mittagessen und zum Abendessen immer dabei ist. Auch der jüngere Markus ist immer da. Wir sind eine Vierpersonen-Familie. Hingegen beim Frühstück isst Matthias nie mit uns, weil er einfach nicht aus den Federn kommt.

Wir zeigen Frau Doktor Hilber auch das Pensum, das wir für ihn zusammengestellt haben. Wenn er eine Arbeit macht – wie zum Beispiel einen Teppich knüpfen – dann zeigt er sich richtig arbeitswütig und lässt nicht locker, bis es fertig ist.

Die Ärztin informiert uns über die heutigen Erkenntnisse zur Krankheit Schizophrenie. Aus der Reihe der Psychosen sei die Schizophrenie, wie auch die Depression, eine Erkrankung der Seele. Zu unserer Beruhigung erklärt sie, dies sei keine Geisteskrankheit. Von der Bevölkerung leide ein Prozent an einer Schizophrenie und unter extremen Bedingungen könne jeder davon betroffen werden. Die Ursache sei nicht bekannt, doch wisse man, dass die Veranlagung dazu vererbbar sei. Durch einen Schock oder durch ein schlimmes Erlebnis könne die Schizophrenie ausgelöst werden. Es sei auch so, dass Matthias nicht andauernd an dieser Krankheit zu leiden habe, sie komme in Schüben vor. Frau Dr. Hilber ist besorgt, dass wir Eltern im Umgang mit einem Schizophrenen überfordert sein könnten und sie sagt uns jede Hilfestellung zu.

Die Stimmen und auch diese Selbstmord-Absichten gefallen ihr überhaupt nicht: „Die Erfahrung zeigt, wenn jemand immer davon redet, sich umbringen zu wollen, dann macht er es eines Tages. Und er macht es dort, wo er sich am wohlsten fühlt: daheim in seinem Bett! Allein schon deshalb ist es wichtig, dass Matthias nicht zu Hause bleibt. Er muss sich unbedingt von euch ablösen können und sein eigenes Leben in die Hand nehmen."

Die Psychologin fordert uns auf, wachsam zu sein und ihr alle Beobachtungen zu melden, welche in Richtung Suizid gehen. Sie bemühe sich in der Zwischenzeit, eine Bleibe für Matthias zu finden. Eventuell ein Neueintritt in die Eingliederungs-Werkstätte MEDUS? Aber das dürfe nicht erneut in einem Desaster enden, denn er habe im MEDUS nur noch einen einzigen Versuch. Das hat sie bereits erfahren. Sie wollen ihm dort noch eine Chance geben, aber zunächst müsse sich die Situation stabilisieren. Sie meint, es gäbe vielleicht noch einen anderen geschützten Arbeitsplatz für Matthias, obwohl diese rar seien.

Frau Dr. Hilber macht uns einen guten Eindruck, daher halten wir auch nicht mit Informationen hinter dem Berg.

Es geht auf und ab mit Matthias. Einmal kugelt er sich vor Lachen, dann will er wieder nicht mehr leben. Das kann im Minuten-Takt wechseln!

Eines Tages bemerke ich, dass Matthias auf dem WC ist und andauernd die Spülung betätigt.

„Was macht er denn dort?", rufe ich aus meinem Zimmer. Ruth ruft ihm zu: „Hör auf, so viel Wasser zu brauchen! Das reicht ja einem Buschneger ein ganzes Jahr, was du da hinunter spülst." Da er nicht aufhört, geht sie nachschauen. Sie findet Matthias mit dem Kopf in der WC-Schüssel, wie er gerade die Spülung erneut betätigt.

„Spinnst du eigentlich?", sagt Ruth und bugsiert ihn aus dem WC. „Was soll denn das?"

„Die Stimmen haben mir befohlen, ich soll mich das WC hinunterspülen, aber es geht nicht!" Ich schaue Ruth nur an. Zum Glück sind seine Selbstmord-Versuche derart unsinnig, dass sie gar nicht funktionieren können. Aber es beunruhigt uns trotzdem, denn er könnte einmal auf eine gefährlichere Idee kommen. Das dauert auch nicht lange. Im Badezimmer erwische ich ihn dabei, wie er versucht, sich mit dem Frottiertuch an einer Querstange aufzuhängen. Es ist nur deshalb nicht gegangen, weil die Stange zu niedrig montiert ist. Wir müssen sehr wachsam sein.

Einmal, als er zu Bett geht, bemerke ich, dass er ein Messer in der Hand versteckt hält.

„Was hast du mit dem Messer vor?", will ich wissen.

„Mir den Kopf abschneiden!", ist die lakonische Antwort. Schon drückt er die Klinge gegen seinen Hals und beginnt zu säbeln. Aber ich sehe, dass er den stumpfen Teil des Messers gegen den Hals hält. Das signalisiert mir, dass es gar kein echter Selbstmordversuch ist, sondern er will uns damit nur Angst einjagen. Auf einen Zettel schreibt mir Matthias später ein paar Zeilen auf:

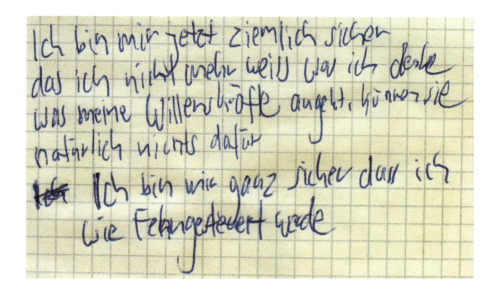

*Ich bin mir jetzt ziemlich sicher,
dass ich nicht mehr weiss, was ich denke.
Was meine Willenskräfte angeht, können sie
natürlich nichts dafür.
Ich bin mir ganz sicher, dass ich
ferngesteuert werde.*

Es ist klar, dass Matthias völlig die Orientierung verloren hat und sich in eine Ecke gedrängt fühlt. Er zeigt auch tiefe Depressionen und eine Gedächtnis-Schwäche.

Wir müssen mit Matthias in diesen Tagen den Hausarzt Dr. Edelmann aufsuchen: Matthias hat sich mit einem Wattestäbchen den Gehörgang im Ohr verletzt. Er hat nicht aufgehört zu stochern, bis es blutete. Der Arzt stellt fest, dass das Trommelfell noch intakt ist. Glück gehabt!

Diese verschiedenen Episoden teilen wir Frau Dr. Hilber mit und zeigen ihr auch jene Zeilen von Matthias.

„Wir müssen schnell handeln, bevor es zu spät ist", wiederholt sie. „Er darf nicht länger daheim herumsitzen."

Die Ärztin meldet sich schon nach zwei Tagen wieder. Sie hat einen Platz gefunden, eine Tagesstätte in Basel in der Nähe der Pauluskirche. Matthias kann nach kurzem Vorstellungsgespräch in diese Tagesstätte eintreten. Dort teilt man ihm Arbeiten zu, die er aber nicht ausführt. Er legt sich im Korridor aufs Sofa und döst in den Tag hinein. Man lässt ihn gewähren, denn sobald er wach ist, bedrängt er die andern Insassen mit seinen Angstzuständen. Doch geht er gerne in diese Tagesstätte. Er merkt gar nicht, dass die Leute dort mit ihm nicht zufrieden sind, weil er seine Arbeiten, die er machen sollte, einfach nicht ausführt. Wir hoffen, dass es wenigstens eine Zeit lang gut geht. Aber das Unabwendbare hat sich bereits angebahnt.

*

Eines schönen Tages komme ich von der Arbeit nach Hause und finde auf meinem Schreibpult einen Zettel mit der Handschrift von Matthias. Darauf steht zu lesen:

*Papa, sie wollen mich nicht mehr haben.*
*Jetzt musst du mich am Montag in*
*die psychiatrische Klinik bringen!*

Ich suche Matthias auf. Er sitzt in seinem Zimmer in einem völlig desolaten Zustand. Er zittert vor Angst. Er weiss, dass ich ihn jetzt in die psychiatrische Klinik bringen werde, wo die Leuchtstoffröhren-Korridore sind. Frau Dr. Hilber hatte nämlich gesagt, wenn es in der Tagesstätte nicht klappen würde, bleibe nur noch die psychiatrische Klinik.

Ich setze mich auf den Bettrand neben Matthias und frage ratlos: „Was sollen wir jetzt tun?" Er bebt am ganzen Körper und schaut mich mit einem Dackel-Blick an.

„Vorläufig bleibst du hier", versuche ich ihn zu beruhigen. „Vielleicht kommt dir das mit der psychiatrischen Klinik schlimmer vor, als es ist. Wenn du einmal dort bist, wirst du sehen, dass das gar nicht so ist!"
„Bring mich nicht dorthin!", fleht mich Matthias an. „Ich habe so Angst!"
Dabei betont er das Wort „Angst" in einer Art und Weise, dass es mir selber nicht mehr wohl ist.

Frau Doktor Hilber hat in der Zwischenzeit auf unseren dringenden Wunsch hin nach einer anderen Lösung gesucht und auch gefunden. Matthias muss nicht in die psychiatrische Klinik. Matthias wechselt von der Tagesklinik ins Johannes-Haus in Münchenstein, eine WG, wo er für acht Wochen bleiben kann. Dann werden wir weitersehen. In der Werkstätte dort können sich die Bewohner künstlerisch betätigen. Es gibt Einrichtungen zum Töpfern, Musizieren und Basteln.

Wir bringen Matthias in dieses Johannes-Haus und sind vom ersten Eindruck begeistert, denn es ist eine richtige Grossfamilie. Auch Matthias freut sich zunächst auf diesen Aufenthalt. Ich kann es in seinem Blick sehen. Aber die Sache hat einen Haken: Er muss die ganzen acht Wochen ohne Unterbruch im Johannes-Haus bleiben und darf in dieser Zeit nicht zu uns nach Hause. Auch nicht zum Schlafen, auch nicht an den Wochenenden. Oh weh! Dieser Punkt bringt ihn fast um. Wir machen ihm klar, dass acht Wochen vorbei gehen und dass wir schon bald wieder reisen werden. Wir könnten noch viele Wanderungen oder Reisen machen! Aber Matthias wird von Angstzuständen geplagt, diese acht Wochen könnten viel zu lang sein.

Ich zeige ihm bei uns zu Hause sein Bett in seinem Zimmer und sage: „Das alles bleibt so, wie es ist, kein Mensch rührt es an, bis du zurückkommst. Dein Zimmer hast du für immer und niemand nimmt es dir weg! Ich bringe dich jetzt ins Johannes-Haus. Es wird dir dort gut gehen. Du wirst bald Freunde haben! Acht Wochen sind keine Ewigkeit!"

„Sind acht Wochen lang?", kommt seine Frage. Ich kann ihm erklären, was ich will, er stellt penetrant immer wieder diese eine Frage.

Kaum hat er seinen Aufenthalt im Johannes-Haus angetreten, erfahren wir von der Heimleitung, dass sich Matthias vor Heimweh grämt.

Wir reden mit Frau Dr. Hilber. Sie erklärt uns, wie wichtig es sei, dass er das jetzt durchstehe. Wir dürfen ihm nicht helfen. Er müsse mit sich selber zurechtkommen: „Lassen Sie ihn dort, auch wenn es ihn hart ankommt. Er muss das lernen! Und besuchen Sie ihn höchstens einmal in der Woche!"
Ich habe Matthias versprochen, dass ich ihn am dritten Tag besuchen komme.

So fahre ich am dritten Tag mit dem Auto vors Johannes-Haus. Kaum habe ich den Motor abgestellt, kommt Matthias schon daher gerannt und begrüsst mich stürmisch. Er muss die Minuten gezählt haben. Seine erste Frage: „Sind acht Wochen lang?"
„Es ist eine Zeit, die vorbei geht", tröste ich ihn. „Das sind ja nicht einmal ganz zwei Monate! Zudem sind es jetzt nur noch siebeneinhalb Wochen!"
„Wie lange ist das noch?", fragt er weiter.
Ich will ablenken und frage: „Zeig mir einmal, was du bisher gemacht hast!" Ich betrete mit ihm das Haus. Doch während er mir seine Bastel-Arbeiten zeigt, fragt er pausenlos: „Wie lange muss ich noch hier sein? Geht das wieder vorbei? Kann ich jetzt mit dir nach Hause kommen?"

Ich werde von den Leuten des Johannes-Haus zum Abendessen eingeladen. Alle sitzen um einen grossen runden Tisch herum, die Angestellten und die Patienten.
Es sind durchwegs junge Leute, zwölf an der Zahl. Matthias sagt, dass es seine Freunde seien und dass er mit allen gut zurechtkomme. Die Besuchszeit geht rasch um und ich muss wieder gehen. Ich ver-

tröste Matthias und lasse ihn zurück. Er schaut mir lange nach, ich kann es im Rückspiegel sehen.

Aber das Heimweh ist für Matthias zu stark. Als ich einmal von der Arbeit nach Hause komme, steht Matthias in unserer Stube und hört Musik vom Tonband.
„Was machst du hier?", will ich wissen.
„Ich höre Musik", sagt er, als ob dies ganz normal wäre.
„Ja, warum bist du nicht im Johannes-Haus?"
Da klingelt das Telefon. Es ist einer seiner Betreuer. Er fragt: „Ist Matthias bei Ihnen?"
„Ja, der ist hier!" Die Stimme am andern Ende der Leitung klärt mich auf:
„Ich machte mit Matthias bei Dornach einen Waldlauf. Plötzlich ist er auf und davon gerannt und wurde nicht mehr gesehen!"
Ich schaue Matthias ernst an: „Bist du denen abgehauen?"
„Ich wollte nach Hause!", sagt Matthias und schaltet das Tonbandgerät auf schnell Spulen. Ich sage ins Telefon: „Ich werde ihn sofort wieder bringen. Bis gleich!"
Zu Matthias gewandt: „So geht das natürlich nicht! Du kannst die Probleme nicht damit lösen, dass du einfach davonläufst!"
Ich fasse ihn am Arm und will ihn zum Gehen bewegen.
Er macht sich los: „Halt, nur noch diese Platte! Ich will die Beach Boys nochmals hören!"
„Ich überspiele dir die Platten auf eine Tonbandkassette und leihe dir meinen Walkman, dann kannst du die Platten auch im Johannes-Haus hören!"

Ich bringe Matthias noch am selben Abend zurück und mache ihm klar: „Wenn du nochmals ohne Erlaubnis ausbüxt und einfach nach Hause kommst, fahre ich dich auf der Stelle in die psychiatrische Klinik! Du musst hier bleiben, bis die vorgesehene Zeit um ist!" Er macht dazu dieses Dackel-Gesicht. Noch im Weggehen höre ich seine Frage: „Sind acht Wochen lang?"

Die Zeit im Johannes-Haus geht schneller vorbei als gedacht. Kaum ist Matthias nach den acht Wochen wieder zu Hause, will er seine Freunde im Johannes-Haus besuchen. Vorläufig behalten wir Matthias daheim, bis wir einen neuen Ort für ihn gefunden haben.

Im April 1996 macht Matthias eine sehr schlimme Phase durch. Er bittet mich andauernd, ich solle ihn erschiessen, damit dieses Leben endlich vorbei sei. Mitten in der Nacht bekommt er einmal das Doggeli sehr heftig. Er beginnt zu stampfen und zu schreien. Ich gehe zu ihm in sein Zimmer. Er hängt sich an mich und schreit: „Bring mich um, bitte bring mich um!"

Wir wissen nicht mehr, was wir tun oder denken sollen. Nach zwei Stunden ist es vorbei. Er wird ruhig und schläft wieder ein.

Am andern Tag überkommt ihn der Drang zum Zeichnen und Malen. Er nimmt einen Kugelschreiber und Farbstifte und beginnt zwei

merkwürdige Bilder zu malen. Das erste Bild zeigt eine Blütenwiese mit zwei Katzen; hinter den Wolken lacht die Sonne hervor. Auf dem zweiten Bild malt er in brauner Farbe einen Sarg, in welchem er selber liegt und lächelt.

Zu diesem Bild schreibt er: „Das ist Matthias Wiessler, wenn er gestorben ist!"

Ich frage ihn: „Warum lachst du denn im Sarg?"

„Weil endlich alles überstanden ist!"

In diesen Tagen gehen wir in der Ostschweiz bei der Ortschaft Stein am Rhein spazieren. Matthias zieht kräftig aus und geht weit voraus. An jeder Weggabelung bleibt er stehen und wartet auf uns. Wir geben ihm von weitem Handzeichen, wie es weiter geht.

Wir erreichen die Insel Werd. Ein Holzsteg führt zu dieser Insel. Bei der Kapelle steht auf einer Kerze in grosser Schrift geschrieben: „Du wirst leben!" Ruth zeigt Matthias diese Inschrift. Matthias ergänzt

spontan: „Du wirst leben *müssen*!" Er sagt auch, er hoffe, dass nach dem Tod alles ganz dunkel und still sei und nicht, dass dieses Leben dann noch irgendwie weitergehe!

Frau Doktor Hilber ist überzeugt, dass Matthias stationär in eine Klinik überwiesen werden müsse. Vor allem, weil er eine 1:1-Betreuung brauche (eine Betreuungsperson pro Patient). Dort könne er ganz gezielt therapiert werden.

Sie findet einen Platz für Matthias in der psychiatrischen Klinik Birkenhain in Basel und fahren mit Matthias dorthin. Als er die Gartenanlagen mit den hohen Bäumen erblickt, ist er sofort Feuer und Flamme. Er stellt sich unter einen hohen Baum und ruft: „Hier will ich bleiben!"

Man zeigt ihm sein zukünftiges Zimmer in der zweiten Etage. Es fällt mir auf, dass die Fenster aussen vergittert sind. Wegen seiner Suizid-Versuche ist das ideal. Als man ihm aber erklärt, dass er das Zimmer mit einem anderen Patienten in seinem Alter teilen muss, überkommt ihn Angst: „Nein, ich will mein Zimmer mit niemandem teilen, ich will hier allein sein!"

Das Pflegepersonal versucht ihm klar zu machen, dass es viele Patienten hier gäbe und dass nicht jeder ein eigenes Zimmer haben könne. Aber Matthias bleibt untröstlich und beginnt auszurufen: „Ich kann nicht mit einem Anderen mein Zimmer teilen, ich habe Angst!"

„Du brauchst doch keine Angst zu haben, dein Zimmer-Kollege ist ja auch behindert und hat auch Angst, da könnt ihr euch doch gegenseitig helfen!", versuche ich ihn zu trösten.

„Nein, nein, ich will nicht! Der könnte meine Gedanken lesen! Das macht mir Angst!"

„Niemand kann deine Gedanken lesen, die Gedanken sind Privatsache", tröste ich ihn.

„*Er* könnte es vielleicht schon!", hakt Matthias nach.

„Erzähl doch keinen Unsinn!", beschwichtige ich ihn. „Die Gedanken finden in deinem Kopf statt und niemand kann darin lesen!" Aber Matthias bleibt untröstlich und will sein Zimmer mit niemandem teilen. Da erst merke ich, was los ist: Matthias wird jetzt nicht mehr ferngesteuert, sondern man kann seine Gedanken lesen! Das kann ja noch heiter werden.

Die Pflegerin sagt: „Wir können das Zimmer vorerst ihm allein überlassen. Sobald aber Platzmangel besteht, muss man nochmals darüber reden!" So vertröstet man Matthias, er könne das Zimmer vorläufig für sich allein haben. Damit gibt sich Matthias zufrieden und streicht mit der Hand liebevoll über seine neue Bettdecke: „Mein Bett!"

Der leitende Arzt der Klinik Birkenhain, Herr Doktor Wohlgemut, klärt uns über die Modalitäten der Klinik Birkenhain auf: Matthias bleibe während der Woche ständig in der Klinik. Das erste Wochenende müsse er ebenfalls hier bleiben. An allen weiteren Wochenenden könne er zu uns nach Hause kommen. Auch bekomme er verschiedene Betreuerinnen zugeteilt. Diese würden sich im Schicht-Turnus abwechseln. Es seien auch Therapien geplant, welche Matthias zusammen mit seiner jeweiligen Betreuerin ausführen müsse. Das Essen finde im grossen Essraum statt, wo sich alle Patienten träfen. Es gebe auch ein Raucherzimmer. Ich zeige Matthias mahnend den Zeigefinger. Auch habe es auf der Veranda einen Pingpong-Tisch. Zudem könne er jederzeit im Garten unter den Bäumen spazieren gehen. In unserer Begleitung oder in Begleitung einer Betreuerin könne Matthias auch die Klinik verlassen und einen ausgedehnten Spaziergang in der Umgebung machen.

Herr Doktor Wohlgemut erklärt uns auch den Verlauf einer Schizophrenie. Man könne die Krankheit nicht heilen, nur die Symptome lindern. Über die Ursache der Krankheit sei wenig bekannt. Es bestehe aber eine grosse Chance, dass sich der Zustand von Matthias in ein paar Jahren so weit verbessert habe, dass er mit der verbleibenden Restbehinderung sogar einen Beruf erlernen könne.

Matthias fällt dem Arzt andauernd ins Wort. Wir müssen Matthias mehrmals auffordern, den Mund zu halten. Der Arzt erklärt, Matthias bekomme in dieser Klinik dreimal täglich seine Medikamente. Die Betreuerin händige sie ihm jeweils aus.

Der Arzt sagt auch, er wolle gleich ein neues Medikament einsetzen: Leponex, ein Psychopharmakon. Mit diesem Medikament habe man bisher sehr gute Erfahrungen mit an Schizophrenie erkrankten Patienten gemacht. Das Mittel wirke besonders gegen Angstzustände. Matthias bekomme am Morgen und am Mittag je eine halbe, am Abend vor dem Schlafengehen zwei ganze Tabletten. Das wären dann 300 Milligramm Leponex pro Tag, was der Hälfte der Maximaldosis entspräche. Im Bedarfsfall könne man noch eine Zusatzdosis von einer bis zwei Tabletten à 100 mg pro Tag geben, ohne die Maximaldosis zu erreichen. Damit hätten wir noch Reserven.

Der Arzt informiert weiter: „Das Leponex ist gut verträglich, hat aber eine bekannte Nebenwirkung: Es vermindert die Zahl der weissen Blutkörperchen. Das bedeutet, dass man das Blutbild ständig überwachen muss. Es kann geschehen, dass sich bei zu geringer Zahl von weissen Blutkörperchen eine Infektion ungehindert ausbreiten kann. Eine an sich harmlose Infektion kann dann für ihn lebensgefährlich werden, jedenfalls wenn Fieber auftritt. Daher ist eine ständige Kontrolle unumgänglich."

Gute Nacht schöne Grossmutter, denke ich bei mir. Die Ärzte müssen ja wissen, was sie tun. Angesichts der schwierigen Situation ist dieses Risiko wahrscheinlich vertretbar.

„Und wie lange muss Matthias hier bleiben?", frage ich den Arzt.

„Bis auf weiteres! Wir behalten niemanden länger hier als unbedingt erforderlich. In seinem Fall müssen wir davon ausgehen, dass es nicht sehr schnell gehen wird. Es werden mindestens zwei Monate sein."

Zwei Monate! Ich schaue Matthias an. Er kommt mir vor wie ein

Abgeurteilter, wie ein Delinquent, den man zwei Monate hinter dicke Mauern bringt. Wir ahnen in diesem Moment natürlich nicht, dass es fast zwei Jahre dauern wird!!

Mein Gott, warum muss unser Matthias das alles durchmachen? Er ist so voller Leben und hat nie einem Menschen etwas zuleide getan! Warum muss das Schicksal ihn derart beuteln? Aber ich sehe auch die Vorteile dieses Aufenthalts in der Klinik für Matthias: Erstens wird Matthias sachkundig betreut. Zweitens wird seine Medikamentierung genau überwacht und auf Nebenwirkungen untersucht. Drittens bieten sie hier eine professionelle Therapie. Ich vertraue sehr auf diese Therapie, denn wir hätten nie so viel Zeit für ihn gehabt, wie es nötig gewesen wäre.

Ruth ergänzt: „Und viertens haben wir endlich wieder unsere Ruhe, können ungestört unserer Arbeit nachgehen und wieder einmal unser eigenes Leben führen." – „Da hast du recht!", bestätige ich.

Jetzt geht es heim ans Koffer packen für Matthias. Wir versprechen ihm hoch und heilig, dass wir ihn jeden zweiten Tag besuchen kommen. Ich wähle dazu den Mittwoch. Das ist gerade Halbzeit zwischen seinen Wochenenden mit uns. An zwei weiteren Nachmittagen geht einmal Ruth zu ihm und einmal sein Grosi. So können wir uns gegenseitig ablösen.

Ruth hatte in dieser Nacht einen sehr seltsamen Traum: Es sei ihr ein Engel begegnet und habe sie gefragt, ob sie Matthias zu sich in den Himmel holen sollen. Ruth habe geantwortet: „Ich weiss es nicht."

## 10. Wilde Wolken jagen

Bei meinem ersten Besuch in der Klinik Birkenhain ist Matthias sehr gut aufgelegt. Er lädt mich ein, mit ihm im Garten zu spazieren. Wir gehen unter hohen Bäumen auf schmalem Pfad. Matthias geht voraus wie immer, er hat einen Zug drauf wie eine Dampflok. Es erinnert mich an unsere Tessin-Wanderung.

Nach der ersten Tour durch den Garten will er nun in der umgekehrten Richtung gehen: „Du hast doch immer gesagt, wenn man denselben Weg zurück geht, dann ist es nicht mehr derselbe Weg!"

„Da hast du recht", bestätige ich ihm und wir nehmen den Weg in umgekehrter Richtung unter die Füsse. Es kommt eine Sitzbank ins Blickfeld, die ich vorher gar nicht bemerkt hatte. Matthias setzt sich hin und sagt: „Komm, wir legen eine Pause ein!" Eine Pause einlegen! Als ob wir weit gegangen wären! Aber ich verstehe schon. In seinem Kopf sind wir wieder auf einer Fernwanderung.

„Erzähle irgendetwas", fordert mich Matthias auf.
„Was soll ich denn erzählen?"
„Erzähle mir etwas vom Meer!"
Ich beginne: „Es stand einmal ein Knabe am Meer und schaute aufs Wasser hinaus. Da kam eine Welle und überspülte seine nackten Füsse." Matthias schaut mich erwartungsvoll an.

Ich fahre fort: „Der Knabe sagte zu sich: Ich will einmal dem Strand entlang gehen, der untergehenden Sonne entgegen, bis das Meer aufhört! Und er ging und ging, und als er genügend weit gegangen war, ging er noch ein Stück!"

Matthias fällt mir ins Wort: „Dieser Knabe, das bist ja du! Du wolltest doch als Bub immer so weit gehen, bis das Meer aufhört. Diese Geschichte kenne ich schon, du musst mir eine andere erzählen!"

„Die von der Maus am Barfüsserplatz?"
Matthias: „Von welcher Maus?"
„Die Geschichte von der Maus, die den Barfüsserplatz überquerte und vors Tram lief!"
„Aber das ist doch keine lustige Geschichte!"
„Ich habe nicht behauptet, dass es eine lustige Geschichte sei!"
Wie geht die Geschichte aus?"
„Quietsch!"
„Diese Geschichte ist mir zu kurz!"

„Soll ich lieber die Geschichte von der Katze erzählen, die im Feld eine Krähe anschlich?", frage ich weiter.
„Diese Geschichte kenne ich auch schon; sie bekam von der Krähe eins auf den Deckel und hat nie mehr eine Krähe angeschlichen! Das war deine Katze, die du als Bub hattest!"
Ich denke nach. „Du kennst alle Geschichten schon, nur die nächste nicht!"
„Wie geht die nächste?"
„Es waren einmal zwei Männer in einem Park. Sie sassen auf einer Bank im Sonnenschein und erzählten sich Geschichten, die sie schon längst kannten!"
„Ja", sagt Matthias und fährt fort: „Sie gingen ganz schnell ins Haus, denn der eine musste dringend aufs WC."

Wir betreten das Haus. Matthias stellt mich Frau Berger vor, eine seiner Therapeutinnen. Frau Berger begrüsst mich freundlich und sagt: „Matthias hat sich schon gut eingelebt. Obwohl er erst seit drei Tagen hier ist, kennt er schon die ganzen Belegschaft."

Matthias zeigt mir noch das Raucherzimmer, macht aber die Tür schnell wieder zu. Drinnen sind ein paar seiner Mitbewohner am Dämpfen. Im Aufenthaltsraum führt er mir die Musikanlage vor. Ich erkenne unter den CDs einige Platten, die ihm gehören, wie ABBA oder Beach Boys.

In seinem Zimmer zeigt er mir den Ausblick aus dem Fenster: „Schau, man sieht bis zum Feldberg!"

„Das ist nicht der Feldberg", stelle ich fest. „Es ist der Badische Blauen!"

„Ich verwechsle das halt immer!", sagt Matthias und zeigt mir sein Zimmer. Es hat ein kleines Badezimmer mit Dusche. Stolz führt er mir seinen elektrischen Rasierapparat vor, den ihm Mami noch gekauft hat.

Es kommt mir so vor, als ob eigentlich hier die Welt in Ordnung sei und wir dort draussen in der Klapsmühle wären. Dieser enorme Leistungsdruck, der auf uns Arbeitnehmern lastet! Hier drin ist der Frieden, niemand verlangt irgendetwas von dir. Du kannst den ganzen Tag machen, was du willst: Im Garten spazieren, Musik hören oder Pingpong spielen. So müsste das Leben eigentlich sein. Aber ich sehe auch das Rollgitter beim Ausgang. Es ist eine geschlossene Anstalt! Gleich daneben das Wärterhäuschen. „Was wünschen Sie?", ist dort die Standardfrage. Man kann nicht hinein oder hinaus, ohne an diesem Wärterhäuschen vorbei gehen zu müssen. Das Paradies wird bewacht!

Sollte ich einmal durchdrehen, nehme ich alle meine alten Tonbänder aus den 1960er-Jahren, setze mich hier in den Garten und höre alles, was mich an gute Zeiten erinnern. Wenn der Gong ertönt, suche ich den Essraum auf. An den Nachmittagen lese ich unter hohen Bäumen gute Bücher, was ich schon immer tun wollte und keine Zeit dazu finde. Den Leuten hier würde ich dann sagen: „Was braucht man mehr? Hier bin ich und hier bleibe ich!"

„Sie können zwar nicht hier bleiben, aber wenn Sie wollen, können Sie mit uns zu Abend essen!", unterbricht eine liebliche Stimme meine Zukunftspläne. Ich muss laut gedacht haben. Frau Berger begleitet mich zum Essraum und stellt mich den Leuten vor: „Das ist der Papa von Matthias!"

Ich werde reihum freundlich begrüsst.

Plötzlich erkenne ich unter den Patienten einen ehemaligen Schüler von mir. Er ist deutlich jünger als Matthias, höchstens zwanzig Jahre alt. Er war Lehrling und hatte die Lehre damals aus mir unbekannten Gründen aufgeben müssen. Ich spreche ihn an: „Hallo, was machen denn Sie hier?"

„Ich bin auch ganz neu hier, genau wie Matthias!"

„Wie kommt es, dass Sie hier sind? So schlecht waren Ihre Noten doch auch wieder nicht!", frage ich.

„Die Schule ist nicht der Grund, ich hatte persönliche Probleme!", antwortet er.

„Sind Sie denn krank geworden?", forsche ich weiter.

„Ich hatte wohl zu arg gefeiert!", ist seine Antwort.

Er will keinen Grund nennen, das ist klar. Es geht mich auch nichts an.

Nach dem Essen verabschiede ich mich von allen und besonders herzlich von Matthias: „Du hast es gut hier, sie schauen gut zu dir. Wenn du etwas brauchst, dann sag es!"

„Du könntest mir noch das Tonband aus den 1970er-Jahren auf eine Tonkassette kopieren und mir den Walkman bringen. Dann kann ich die tollen Platten von früher anhören, als es mir noch gut ging!"

„Mache ich!", verspreche ich ihm und gehe weg. Als ich über den Hof gehe, wende ich den Kopf. Ich kann Matthias in der zweiten Etage am Fenster sehen. Er winkt mir nach, ich winke zurück und steige ins Auto.

*

Am Freitag wird Matthias von seinem Grosi besucht. Danach ruft sie entsetzt ihre Tochter – meine Frau Ruth – an, und schildert ihre Eindrücke: „Das war ja entsetzlich! Er lag im Bett, wälzte sich von einer Seite auf die andere und sagte andauernd, er wolle nicht mehr leben!"

Ruth wendet sich mir zu: „Geh doch morgen zu Matthias, wir müssen wissen, was da los ist!"

Bei meiner Ankunft in der Klinik ruft mir Matthias schon von weitem zu: „Hallo, hier bin ich!" Ich sehe ihn oben aus dem Fenster schauen. Zunächst gehe ich aufs Büro und erkundige mich beim Pflegepersonal nach Matthias. Frau Berger, seine engste Betreuerin, ist nicht da. Die Pflegerinnen wechseln sich natürlich im Schichtmodus ab.

Es stellt sich eine Frau Taler vor. Sie sei heute die Betreuerin von Matthias. Sie erklärt, Frau Berger habe ihr noch übermittelt, dass Matthias gestern sehr schlecht drauf war und das Doggeli gehabt habe. Sie wollte von mir noch wissen, woher ich eigentlich diesen Ausdruck „Doggeli" habe.

Ich erkläre Frau Taler: „*Doggeli* ist ein Schweizer Ausdruck für einen Albtraum, wie er besonders bei Kleinkindern häufig vorkommt. Eigentlich heisst es ja Toggeli, aber *Doggeli* gefällt mir besser. Ich habe den Ausdruck gebraucht, um der Sache den Schrecken zu nehmen." Sie muss lachen.

Frau Taler erinnert: „Herr Doktor Wohlgemut hat Ihnen bei der Besprechung erklärt, dass wir Matthias tagsüber eine Zusatzdosis Leponex geben, wenn er Angstzustände bekommt!"

„Ja, ich weiss!", antworte ich.

„Das Medikament hat eine für ihn günstige Nebenwirkung: Es macht müde. Er schläft bald ein, wenn wir ihm die Zusatzdosis verabreichen. Da es ihm heute besser geht, konnten wir es bei der Normaldosis belassen!"

Matthias treibt sich vor dem Büro herum, als ich den Gang betrete. Er begrüsst mich stürmisch und fragt: „Wann fahren wir wieder nach Frankfurt?"

„Jetzt warte mal, bis du gesund bist! Was wäre, wenn du auf so einer Fahrt das Doggeli bekommen würdest?"

„Ich will aber reisen!", ist seine Antwort.

„Wir werden auch wieder reisen, das verspreche ich dir!"

„Ist das sicher?"

„Ja, wenn ich es sage! Sobald du nicht mehr in der Klinik sein musst, können wir wieder nach Frankfurt fahren!"

„Ist das schon bald?", fragt Matthias mit sorgenvoller Miene.

„Das hängt ganz allein von dir ab! Du musst dir auch Mühe geben, die Therapien ernsthaft mitzumachen und du musst vor allem dran glauben, dass du hier bald wieder rauskommst."

Matthias: „Nehmen wir dann Frau Berger mit, wenn wir wieder auf Reise gehen?"

„Sag ja nichts dergleichen zu ihr! Frau Berger ist verheiratet, hier angestellt und geht nicht mit dir nach Frankfurt. Sie hat ihr eigenes Leben. Aber es freut mich natürlich, dass du gut mit ihr auskommst!"

Ich gehe mit Matthias in sein Zimmer. Er erklärt mir die Einrichtung, gerade so, als ob ich hier einziehen wollte.

Er deutet wie auch schon aus dem Fenster: „Schau dort, der Badische Blauen!"

„Bravo", lobe ich ihn. „Es freut mich, dass du begriffen hast, dass es nicht der Feldberg ist."

Ich mache mich zum Gehen bereit. Matthias fragt: „Kommst du nicht noch mit mir nach drüben ins Café?"

„Wo ist denn das?"

„Gleich über den Hof im nächsten Gebäude!" Wir gehen los.

So sitze ich mit Matthias eine Weile im Café bei all den Patienten und Besuchern.

„Hier gefällt es mir!", meint er. „Aber ich freue mich besonders, dass ich am nächsten Wochenende wieder daheim in meinem Bett schlafen kann!"

So pendelt sich für Matthias ein neues Leben ein. Von Montag bis Freitag in der Klinik Birkenhain, Samstag und Sonntag bei uns daheim. Ich hole ihn jeden Samstagvormittag mit dem Auto ab und fahre mit ihm zunächst ins Hallenbad nach Muttenz.

Jeden Sonntagnachmittag machen Ruth, Matthias und ich jeweils eine ausgedehnte Wanderung über Berg und Tal. Am Sonntagabend bringe ich Matthias dann mit dem Auto in die Klinik zurück. Dabei kommt es immer wieder zu Szenen: „Ich will noch ein wenig im Auto sitzen bleiben!", verlangt Matthias. Wir bleiben sitzen und reden über Frankfurt, über deutsche Autokennzeichen oder über Quadratkilometer der Städte. Matthias will nicht aussteigen. Erst nachdem ich ihn mehrmals auffordere, kann ich ihn dazu bewegen, den Hof der Klinik zu betreten. Er ruft mir noch zu: „Kommst du am Mittwoch wieder zu Besuch?"

„Ja, aber schon morgen kommt Mami und besucht dich!"

Er betritt den Hof der Klinik. Immer wieder dreht er sich um und winkt. Ich höre ihn noch rufen: „Aber sicher!"

Wir erfahren später von der Klinik Birkenhain, dass Matthias nicht therapierbar sei und somit von jeglicher Therapie habe ausgeschlossen werden müssen. Wenn die Therapeutinnen mit ihm ihr Programm machen wollen, dann schwatze er dauernd auf sie ein, erzähle von seiner Angst und dass er nicht mehr leben wolle. Auf diese Weise sei nicht an eine Therapie zu denken. Wir fragen uns, wofür er denn eine Therapie brauchte, wenn er diese Probleme nicht hätte.

Am Mittwoch besuche ich Matthias wie versprochen in seinem Zimmer. Er liegt in einem Dämmerzustand in seinem Bett und wälzt sich von einer Seite auf die andere. Er hat offensichtlich die Zusatzdosis erhalten.

„Ich will heim!", stöhnt er lallend.

„In diesem Zustand kannst du nirgendwo hingehen!", stelle ich fest.

„Ich will wieder Bäume sehen und Wasser!", klagt er.

„Jetzt schlaf einfach. Wenn du aufwachst, ist alles wieder gut. Dann gehst du im Garten spazieren, wo diese hohen Bäume sind!"

„Ich will hier nicht bleiben, ich will heim!"
„Du kannst erst heimgehen, wenn der Arzt es dir erlaubt!"

Ich suche sofort Herrn Dr. Wohlgemut auf. Er informiert mich: „In letzter Zeit mussten wir ihm täglich die Zusatzdosis geben. Wir müssen unbedingt diese Angst weg bekommen! Das geht aber nicht so schnell, es braucht seine Zeit!"
Ich frage den Arzt: „Können wir ihn nicht mit nach Hause nehmen? Wir könnten ihm die Medikamente dort ja auch geben!"
Der Arzt wendet ein: „Er braucht eine ständige Betreuung, und die können Sie ihm nicht geben. Sowohl Sie als auch Ihre Frau sind berufstätig und können sich nicht ständig um ihn kümmern!"
„Herr Doktor Wohlgemut, aber das ist doch auch keine Lösung, so wie er sich jetzt zeigt! Meine Frau und ich könnten mit ihm wenigstens in die Natur, in den Wald, ans Wasser gehen. Ich möchte, dass Matthias wieder zu uns nach Hause kommt. So wie heute will ich ihn nicht mehr antreffen. Ich kann ihn nicht länger so leiden sehen. Er hat ja das Leben noch vor sich."

Der Arzt lehnt sich zurück und schaut mich direkt an.
Er warnt: „Versuchen Sie nicht, Matthias einfach mitzunehmen! Wir würden ihn mit polizeilicher Gewalt hierher zurückschaffen. Wir müssten ihn dann zwangs-hospitalisieren und zwangs-medikamentieren!"

Mir wird flau im Magen. Ich mache eine verneinende Kopfbewegung und verabschiede mich von dem Arzt.

Ins Zimmer zu Matthias zurückgekehrt trete ich wiederum an sein Bett. Er schaut mich fragend an. Ich erkläre: „Du musst hier bleiben, bis du gesund bist!"
„Ich will nicht mehr leben!", wimmert er. Er dreht sich im Bett um und beginnt leise zu weinen. Ich streichle stumm über sein Haar und denke daran, wie er immer ein fröhliches Kind war!

Ich richte mich auf und gehe ans Fenster. Wilde Wolken jagen über den Himmel. Das Schicksal ist hart und unerbittlich! Ich stelle mir vor, ich würde mit Matthias dort auf dem Rand jener Wolke sitzen und auf die Erde hinunter schauen. Von dort oben sieht sicher alles ganz anders aus. Wir würden davonfliegen wie Peter Pan, kämen in ein fernes Niemandsland, wo das Glück wohnt. Dort könnten wir die tollsten Abenteuer bestehen und barfuss am Meeresstrand der untergehenden Sonne entgegenwandern, bis das Meer aufhört.

Matthias ist inzwischen eingeschlafen, leise verlasse ich den Raum. Anstatt nach Hause zu fahren, zieht es mich in die Stadt.

Ich gehe durch die Strassen von Basel, sauge den Atem der Stadt in mir auf. Schaufenster, Leute in modischen Kleidern, Sprachfetzen mit Lachen und Kichern. Mir hämmern Worte im Kopf wie *zwangs-hospitalisieren, zwangs-medikamentieren* und *mit polizeilicher Gewalt*. Ich stelle mir immer nur diese eine Frage: Warum muss Matthias dort in seinem vergitterten Zimmer liegen? Er, der so gerne unterwegs wäre. Er, der sich in der Geografie und in den Städten so auskennt wie kein Zweiter. Ach, könnte man ihm doch helfen! Hadern bringt nichts. Weinen bringt nichts. Fluchen nützt auch nichts. Das Einzige, was wir tun können ist, das Unabänderliche zu akzeptieren. In einem Lied heisst es doch: „Glücklich ist, wer vergisst, was einmal nicht zu ändern ist."

Ich bleibe stehen. Das kann und will ich aber nicht vergessen! Wer sagt denn, dass es für Matthias nicht zu ändern ist? Im Moment vielleicht nicht. Ich werde darüber nachdenken, was wir für ihn tun können. Wenn es eine Lösung gibt, dann werde ich sie finden! Das Mindeste, was wir jetzt schon tun können, ist, Matthias in unsere Ferien und in unsere Wochenend-Ausflüge mitzunehmen. Auf diese Weise kommt er wenigstens hin und wieder aus der Klinik heraus.

*

Bei meinem nächsten Besuch in der Klinik Birkenhain klopfe ich an sein Zimmer und trete ein. Matthias sitzt auf dem Bett, neben ihm eine junge Frau, die ich bisher noch nie gesehen habe. Ich denke sofort an eine Patientin, die ihn auf dem Zimmer besucht und will mich schon freuen. Da stellt sich die Frau vor: „Ich bin Frau Herder, ich habe gerade eine Besprechung mit Matthias gehabt!" Dabei macht sie eine besorgte Miene.

„Gibt es ein Problem?", will ich wissen.

„Sind Sie der Vater von Matthias?", fragt Frau Herder.

„Ja, das bin ich."

„Kommen Sie bitte zu mir ins Büro, ich muss dringend mit Ihnen reden!"

Sie öffnet die Tür zum Büro: „Gehen Sie nur schon hinein, ich hole nur rasch Herrn Doktor Wohlgemut!"

Es muss etwas Schlimmes vorliegen, geht mir durch den Kopf.

Kurze Zeit darauf betreten Frau Herder und der leitende Arzt Dr. Wohlgemut den Raum. Frau Herder eröffnet mir, dass sie Matthias soeben in seinem Zimmer bei einem Selbstmordversuch überrascht habe.

Ich will wissen: „Wie hat er das gemacht?" Aber ich bekomme nur ausweichende Antworten. Der Arzt fragt mich, wie er denn bisher versucht habe, sich umzubringen. Ich erkläre sein Vorgehen mit dem WC, mit dem Messer und mit dem Frottiertuch. Und dass Matthias mich immer wieder gebeten habe, ihn umzubringen.

Der Arzt sagt: „Wir müssen Matthias in ein Sicherheitszimmer bringen! Er ist stark suizidgefährdet! Es gibt einen solchen Raum direkt im Parterre neben dem Empfangsbüro. Sie können gleich mit Matthias hingehen und diesen Raum sehen. Wir müssen sicherstellen, dass er sich nichts antun kann!"

Frau Herder zeigt mir diesen Raum. Es fällt mir sofort auf, dass es im ganzen Zimmer keine Steckdosen gibt und keine elektrische Anlage.

Die Fenster sind ohne Vorhänge und ohne Gitter, aber mit dickem Panzerglas versehen. Die Möblierung ist aufs absolute Minimum reduziert.

„Du bekommst ein neues Zimmer!", sage ich wenig später lachend zu Matthias. Ich versuche es positiv darzustellen: „Das Zimmer liegt direkt neben dem Essraum, da hast du nicht weit, wenn das Glöckchen läutet!" Matthias zieht in sein neues Zimmer ein und freut sich. Ich aber betrachte das Ganze mit besorgter Miene.

*

Matthias zeigt sich bei unsern Besuchen sehr unterschiedlich. Einmal ist er voller Angst und verkriecht sich in den hintersten Winkel. Dann wieder sitzt ihm der Schalk im Nacken und er lässt seiner Fantasie freien Lauf. Einmal, als er in guter Stimmung ist, berichte ich, dass ein alter Mann, den er damals im Altersheim gepflegt habe, gestorben sei. Dazu sagt Matthias spontan: „Er wurde so lange gepflegt, bis er an der Pflege starb!" Dabei muss Matthias schrill lachen. Wenigstens hat er seinen Humor nicht verloren, wenn auch an der falschen Stelle.

Wenige Tage später bekommt Matthias wieder ein normales Zimmer im obersten Stockwerk, diesmal mit Blick auf den Park und die hohen Bäume.

Ruth und ich planen für diesen Sommer eine Reise mit einem Wohnmobil. Wir wissen, dass das Reisen in einem Wohnmobil das höchste aller Gefühle für Matthias ist. Das Unterwegssein, ungeplant, ohne zu wissen, wo man die nächste Nacht verbringen wird, das hat auch ihn längst gepackt.

Um ihn bei der Stange zu halten, eröffnen wir Matthias, dass wir mit ihm diesen Sommer im Juli eine dreiwöchige Reise mit einem gemieteten Wohnmobil machen werden. Das Ziel der Reise könne er frei wählen, es muss einfach in einem der umliegenden Länder z. B. Frankreich, Deutschland, Italien oder Österreich sein. Ohne lange zu

zögern ruft er freudig: „Ins ehemalige Ostdeutschland! Da gibt es ja jetzt keine Grenze mehr zu Westdeutschland!"
„Wohin nach Ostdeutschland?", frage ich.
„Überall hin! Nach Erfurt, Halle, Dresden sowieso, Leipzig auch, Magdeburg und weiter hinauf nach Rostock!", ist seine spontane Antwort. Das kennt er alles aus dem Kopf. Man sieht ihn ja auch ständig über der Europa-Karte. Vor allem Deutschland interessiert ihn sehr.
„Und wie steht es mit Ost-Berlin, wenn wir schon in die ehemalige DDR fahren?", will ich wissen.
„Berlin nehmen wir ein anderes Mal mit, das alleine gibt eine Reise!", meint er.

Ich rede mit dem zuständigen Arzt Doktor Wohlgemut. Dieser hat nichts dagegen, dass Matthias drei Wochen mit uns in die Ferien fährt. Er fordert uns auf, in dieser Zeit mindestens einmal zu einem Arzt zu gehen, um das Blutbild wegen der weissen Blutkörperchen bestimmen lassen.

Wie ein Lauffeuer verbreitet Matthias in der Klinik Birkenhain diese Nachricht von der bevorstehenden DDR-Reise. Mit geweiteten Augen habe er allen erzählt, er werde bald mit dem Wohnmobil verreisen. Wir müssen mit ihm schimpfen: „Die andern Patienten können nicht so reisen wie du. Da gibt es Leute, um die sich kein Angehöriger kümmert! Du solltest ihnen nicht den Speck durch den Mund ziehen!"

## 11. Wieder unterwegs

Am Freitag den 19. Juli 1996 – Matthias ist nun 24 Jahre alt – rufe ich in der Klinik Birkenhain an und bitte Frau Berger, für Matthias wie besprochen die Medikamente für drei Wochen Ferien bereitzuhalten.

Eine Stunde später fahre ich mit dem gemieteten Wohnmobil vor die Klinik. Unsere Reise geht los. Ich fahre zunächst mit Matthias zu uns nach Reinach, wo wir das Fahrzeug beladen. Wir sind zu dritt: Ruth, Matthias und ich. Markus geht seine eigenen Wege, er ist nun 21 Jahre alt und kommt nicht mehr mit uns.

Es zeigt sich schon bald, dass ein Wohnmobil für einen an Schizophrenie-Erkrankten ideal ist: Wenn er das Doggeli hat, kann er sich verkriechen. Sogar während der Fahrt kann er in seinem Bett liegen und sich verdrücken. Denn im Gegensatz zum Wohnwagen darf man sich im Wohnmobil während der Fahrt im Fond aufhalten. Man kann sich dort an den Tisch setzen oder sich auch ins Bett legen. Matthias passiert dies täglich zwei- bis dreimal, manchmal kann das Doggeli auch einen ganzen Tag anhalten. Es kann auch vorkommen, dass Ruth und ich in ein Restaurant zum Essen gehen und Matthias im Auto zurücklassen müssen. Er hat dann selber den Wunsch, nicht unter die Leute zu gehen und zieht sich zurück.

Auf dieser Fahrt besuchen wir viele Städte der ehemaligen DDR. Wir übernachten auf Campingplätzen. Eine Übernachtung kostet im Durchschnitt 30 D-Mark (15 Euro). Auch ohne Reservation finden wir meistens einen Platz. Als wir allerdings an einem Abend nach 22 Uhr an einem Campingplatz ankommen, verweist uns der Platzwart auf die Wartebank. Das ist ein Parkplatz ausserhalb des eingefriedeten Platzes, aber doch mit Stromanschluss. Dort zahlen wir nur fünf D-Mark.

Wir besichtigen Dresden. Matthias ist von der breiten Wilsdruffer Strasse hingerissen. Im Reiseführer lese ich, dass im zweiten Weltkrieg in dieser Strasse die meisten Bomben gefallen sind. Die umliegenden Häuser seien sogenannte „Trümmer-Häuser", das heisst, sie wurden direkt aus den Trümmern der eingestürzten Häuser aufgebaut. Unzählige Menschen waren damals im Bombenhagel umgekommen. Tausende liegen hier noch immer unter den Häusern verschüttet und konnten nie geborgen werden. Schnell weiter!

Weiter geht's nach Weimar, Gotha, Rostock und Stralsund. Wir sehen Ortschaften mit neu gebauten Strassen, Gehsteigen und Blumenrabatten. Aber es gibt auch halb zerfallene Dörfer, wo die Renovation noch aussteht. In Rostock müssen wir vor lauter Baustellen immer wieder Umwege fahren. Da ruft Matthias aus: „Rostock ist die schönste Baustelle Europas!"

*Wir sind wieder unterwegs! Ruth und Matthias 1996*

Mit Matthias suche ich irgendwo unterwegs eine Apotheke und übergebe das Schreiben von Doktor Wohlgemut der Apothekerin. Kopfschütteln, ablehnende Haltung. Das gehe nicht so einfach. Wegen der Verantwortung! Man verweist uns an einen Arzt, der im Ort eine Praxis hat. Leider geht das erst in zwei Tagen. So müssen wir uns zwei Tage um die Ohren schlagen. Wir machen Spaziergänge und Besichtigungen. Aber die Wanderwege sind nicht mit denjenigen der Schweiz zu vergleichen. Es gibt keine Wegweiser, keine Wegmarkierungen und kein Ziel.

Wir suchen später diesen Arzt auf. Für ehemals ostdeutsche Verhältnisse ist die Praxis sauber und modern ausgerüstet. Der Arzt empfängt uns freundlich und wir kommen sofort dran. Die Blutwerte von Matthias sind gut. Wir können somit die Ferien fortsetzen.

Auf der Heimfahrt besuchen wir Magdeburg, weil Matthias immer von dieser Stadt erzählt hat. Von seinen Reisen mit dem Finger auf der Karte ist er überzeugt, Magdeburg müsse sehr sehenswert sein. Wir können aber wenig Sehenswertes entdecken. Es fehlt uns ein Reiseführer. Wir setzen uns in ein Kaffeehaus. Dort erleben wir dafür eine sehenswerte Serviertochter. Sie kann keine einzige Bestellung richtig ausführen. Die Leute warten über zwanzig Minuten auf einen Kaffee. Wir haben schon längst drei Mittagessen bestellt und noch nichts erhalten. Ich sage zu Ruth: „Komm, wir gehen, das dauert mir zu lange!" Ruth: „Du kannst doch jetzt nicht gehen, wo es spannend wird!"
   So beobachten wir diese unglückselige Serviertochter. Man möchte ihr helfen, aber es ist schliesslich ihr Job, nicht der unsrige.
   Sie bringt einem Mann ein Bier, dieser sagt aber, er hätte Kaffee bestellt! Wohin mit dem Bier? Zurück in die Küche. Jetzt bringt sie zwei Tassen Kaffee. Die Frauen sagen aber, sie hätten doch zwei Mittagessen und Mineralwasser bestellt! Wer hat denn diese beiden Kaffee bestellt? Sie kommt zu uns und will wissen, ob wir Kaffee bestellt hätten. „Nein, wir haben vor einer halben Stunde drei Mittagessen bestellt!"

„Aha!" Zurück mit den Kaffees in die Küche. In der Küche ist nun auch schon ein wirres Durcheinander. Jetzt kommt die Serviertochter mit einem Essen. Es ist nicht festzustellen, wer ein einzelnes Essen bestellt hat. Es wundert uns, dass diese Serviertochter nicht die Schürze ablegt und geht.

Da kommt ein kleiner, drahtiger Mann im Sturmschritt ins Kaffeehaus und geht schnurstracks in die Küche. Plötzlich läuft der Laden. Innert weniger Minuten bringt er den Gästen Essen und Getränke an den Tisch. Die Serviertochter können wir nicht mehr entdecken. Wahrscheinlich war es ihr erster und letzter Tag hier.

Mit dem Wohnmobil treten wir die weite Heimfahrt an. Matthias sitzt im Fond am Tisch, schaut hinaus und ruft immer wieder: „Ich fühle mich wohl, jeeh!" Doch auch die schönsten Ferien gehen einmal zu Ende.

*

In der Klinik Birkenhain ist der Alltag schnell wieder eingekehrt. Wir können nicht verstehen, warum sie Matthias noch immer von jeglicher Therapie ausschliessen. Der Aufenthalt in dieser Klinik kostet wesentlich mehr, als Ruth und ich zusammen verdienen! Ruth meint: „Für dieses viele Geld könnten sie doch eine Therapie mit ihm machen!" Aber wir hören von Herrn Doktor Wohlgemut, dass Matthias sich weiterhin nicht therapieren lasse, denn er schwatze unaufhörlich auf die Therapeutinnen ein und erzähle von seinen Angstzuständen. So kämen diese gar nicht dazu, eine Therapie mit ihm zu machen.

Ruth sagt zum Arzt: „Wir wissen das ja schon, aber deshalb ist Matthias ja hier. Wenn er gesund wäre, müsste er nicht in die Klinik! Es ist doch die Aufgabe der Klinik, Kranke zu behandeln!" Gut gebrüllt, Löwe. Aber genützt hat es nichts.

Zu mir sagt Ruth später: „Offensichtlich werden hier nur pflegeleichte Fälle behandelt!"

Wenn Matthias das Doggeli hat, bekommt er seine Zusatzdosis Leponex und legt sich flach. Darin besteht die Therapie der Klinik. Hat er das Doggeli nicht, quasselt er ohne Luft zu holen auf das Pflegepersonal ein. Besonders ungeschickt ist, dass Matthias auch auf die andern Patienten unaufhörlich einschwatzt. Weil diese ja selber krank sind, ertragen sie das nicht. Man geht ihm immer mehr aus dem Weg. Zu Matthias gewandt vermute ich: „Wenn man dir den Mund abstellen könnte, wärst du gesund!" So einfach ist es natürlich nicht, denn seine Angst bohrt ständig an ihm. Man muss diese Angst wegbekommen.

Es kommen für uns immer mehr Zweifel auf, ob die Behandlung in der psychiatrischen Klinik überhaupt noch sinnvoll ist. Natürlich ist er im Birkenhain rund um die Uhr betreut, damit nichts Schlimmes passieren kann. Das ist schon ein triftiger Grund, dort zu sein. Aber es ersetzt ihm die Bäume nicht und das Wasser, er sieht nicht den Weg sich in die Ferne schlängeln. Vor allem aber hat er kein Ziel vor Augen.

## 12. Ich fasse einen Plan

Die Tage kommen und gehen, es werden Wochen daraus, und es ziehen Monate dahin. Wir schreiben Mai 1997, Matthias ist nun fünfundzwanzig Jahre alt. Nichts hat sich geändert. Es kommen die Feiertage. Wir alle haben frei und wir wollen hinaus in die Natur.

Doch Herr Doktor Wohlgemut will Matthias nicht mehr für mehrere Tage gehen lassen. Er sei allzu instabil. Es wäre besser, wenn er diese Tage hier bliebe. Es würde uns ja auch gut tun, wenn wir ohne diese Belastung verreisen könnten, meint er.

Ich gehe zu Matthias aufs Zimmer, ich will seine Meinung hören.
    Matthias liegt hier in seinem Bett im Dämmerzustand, draussen ist Frühling und Mai. Ich schaue ihn an: schweissverklebtes Haar, Geifer an den Mundwinkeln, flackernder Blick. Es kommt mir ein Ausdruck in den Sinn: „Vollgepumpt mit Medikamenten." Nun will ich Matthias klar machen, dass wir für dieses Mal ohne ihn verreisen müssen. Ich lege meine Hand auf seine Stirn und versuche ihm klar zu machen: „Der Arzt hat gesagt, dass es für dich besser sei, wenn du hier in der Klinik bleiben würdest, bis du wieder gesund bist."
    „Wann bin ich wieder gesund?"
    „Das kommt ganz alleine auf dich an!"
    Matthias jammert: „Geht nicht ohne mich weg, nehmt mich mit!"
    Ich wische ihm die Schweisstropfen von der Stirn, will etwas sagen, kann nicht.

Ich bin mir in der Zwischenzeit klar geworden, dass er sich selber gar nicht aus diesem Zustand befreien kann. Es ist, als ob er in einem stockdunklen Zimmer die Wände entlang tastet und den Ausgang nicht findet. Er ist auf Hilfe von aussen angewiesen. Vor allem auf unsere Hilfe. Auf meine Hilfe! Seit über einem Jahr ist Matthias nun in der Klinik. Das kann doch nicht so bleiben, es muss sich etwas ändern.

Matthias ergreift meine Hand, drückt sie fest und lallt: „Lasst mich nicht alleine hier zurück, ich will mit euch reisen!" Spontan drücke ich seine Hand ebenfalls und sage mit fester Stimme: „Ich hol dich hier heraus, Matthias! Du musst nicht hier bleiben, das verspreche ich dir!"
Matthias macht Anstalten, aufzustehen. Ich drücke ihn sanft ins Kissen zurück mit den Worten: „Nicht jetzt, so schnell geht das nicht! Erst muss der Arzt damit einverstanden sein. Du musst noch ein wenig warten. Aber ich verspreche dir, ich hole dich hier heraus!" Ich erschrecke selber ob meines Versprechens. Wie soll ich das anstellen? Aber ich habe es ihm versprochen.

Ich will mein Versprechen einlösen. Ich fasse einen Plan.

Zu Ruth sage ich später daheim: „Wir holen Matthias aus der Klinik. Sie können ihm dort nicht wirklich helfen."
„Und wie sollen wir das machen? Doktor Wohlgemut will ihn nicht gehen lassen!"
„Ich weiss es auch nicht, aber wir lassen Matthias nicht hängen!"
Ruth bestätigt: „Wenn wir ihn nach Hause nehmen, kann er auch bei uns im Bett liegen. Die Medikamente, die er braucht, können auch wir ihm geben. Und die Kosten wären für die Krankenkasse und die IV erst noch um einiges niedriger."
„Das schon", entgegne ich. „Aber wie ist es mit der Betreuung, während wir arbeiten?"
Ruth: „Betreuung! Das ist doch Quatsch. Man kann ihn ohne weiteres ein paar Stunden allein lassen! Da hört er seine Musik, oder er bastelt im Keller an seiner Werkbank. Wenn er das Doggeli hat, kann er auch selber ins Bett gehen! Zu den Essenszeiten ist ohnehin immer jemand hier."
Ich gebe zu bedenken: „Aber wie ist es mit den Suizid-Versuchen?

Frau Doktor Hilber hat doch immer davor gewarnt, dass er gerade daheim in seinem Bett am allermeisten gefährdet sei, wenn er von seinen Angstzuständen geplagt werde!"
Ruth: „In der Klinik hat er doch auch einen Selbstmordversuch gemacht. Was macht es für einen Unterschied, ob er sich hier oder dort umbringt? Wenn er aber weiss, dass er mit uns wandern und reisen kann, wird er sich kaum umbringen wollen."
„Bist du denn einverstanden, dass ich ihn aus der Klinik heim hole?"
Ruth schaut mich kurz an: „Hole ihn!"

Ich bin mir im Klaren, dass das nicht so leicht gehen wird.

Ich fahre zur Klinik Birkenhain, spreche bei Herrn Doktor Wohlgemut vor und eröffne ihm: „Wir haben uns entschlossen, wir wollen Mattias nach Hause nehmen. Am besten gleich jetzt. Nicht, dass ich glaube, Sie hätten Ihre Arbeit nicht gut gemacht, Herr Doktor. Jedoch wir können mit Matthias zu Hause wirklich eine Therapie machen, denn wir kennen ihn und wissen, was er braucht!"
Der Arzt überlegt eine Weile, dann sagt er: „Das erscheint mir zu gefährlich. Sie und Ihre Frau sind nicht dafür ausgebildet, mit einem psychisch Kranken umzugehen. Es geht dabei nicht allein um Matthias, es geht auch um euch beide! Nicht dass wir am Schluss hier noch zwei weitere Patienten betreuen müssen!"
Ich denke an mein Versprechen und antworte wie ein Fels im Meer: „Herr Doktor, bitte lassen Sie Matthias gehen! Die letzte Verantwortung tragen ohnehin wir Eltern. Der Aufenthalt in der Klinik Birkenhain war wichtig und auch notwendig, aber jetzt muss es eine Veränderung geben. Wir können und wir wollen unseren Sohn Matthias nicht jedes Mal in diesem Zustand auf seinem Zimmer zurücklassen müssen!"

Der Arzt lehnt sich zurück und schaut mich eindrücklich an: „Matthias gilt als hochgradig suizidgefährdet. Es wäre unverantwortlich, ihn in diesem Zustand aus der Klinik zu entlassen."

Meine Gedanken beginnen zu kreisen. Es ist klar, dass ich jetzt sehr subtil mit diesem Arzt reden muss, wenn ich etwas erreichen will. Wenn ich jetzt einen Fehler mache, ist alles aus. In meinem Kopf hämmern Ausdrücke wie *zwangs-medikamentieren, zwangs-hospitalisieren* und *mit polizeilicher Gewalt*. Ich schlage daher vor: „Ich bin in der Lage, für Matthias ein Pensum aufzustellen, damit er täglich seine Therapie von uns bekommt. Darunter fallen Tätigkeiten, von denen wir wissen, dass er sie gerne macht. Wir können ihn auch gewisse Hausarbeiten machen lassen, wie Staub saugen, die Terrasse und die Garage wischen. Vielleicht haben wir auf diese Weise eine Chance, dass man ihm die Zusatzdosis an Medikamenten mit der Zeit gar nicht mehr geben muss!"

Der Arzt schweigt, sein Blick gleitet aus dem Fenster. Nach einer Weile sagt er: „Können Sie bis nächste Woche einen Therapie-Plan aufstellen, wann Sie mit Matthias was machen können und wer jeweils die betreuende Person ist?" Ohne zu zögern sage ich: „Bis in drei Tagen kann ich Ihnen diesen Plan vorlegen." Zusammen mit Ruth gestalte ich in diesen Tagen den folgenden Plan:

### *Wochen-Therapieplan für Matthias*

*Vormittag 10–12 Uhr:*
  *Mo: Kommissionen machen (Ruth)*
  *Di: Hausarbeiten (Ruth)*
  *Mi: Musik-Unterricht am Keyboard (Musiklehrerin bei uns)*
  *Do: Rechenaufgaben lösen, Dreisatz und Prozent (René)*
  *Fr: Alte Geräte vom Flohmarkt zerlegen (René)*
  *Sa: Hallenbad (René)*

*Nachmittag 14–16 Uhr:*
  *Mo: Basteln, Tischdekorationen (bei Grosi daheim)*
  *Di: Wandteppich knüpfen (Ruth)*
  *Mi: Technisches Zeichnen anhand Vorgaben (René)*

*Do: Werkbank im Keller, Holzbearbeitung (Ruth)*
*Fr: Gesprächs-Therapie 1 mal/Wo (externe Psychologin)*

*Nachmittag 16–18 Uhr:*
*Mo: Vita Parcours (René)*
*Di: Gartenarbeiten (Ruth)*
*Mi: Metallbaukasten (bei Grosi daheim)*
*Do: Werkbank im Keller, Holzarbeiten mit Laubsäge (Ruth)*
*Fr: Kommissionen machen (mit Ruth)*

*Abends:*
*Mo: Malkurs an der Schule für Gestaltung 1 mal/Wo (mit René)*
*Di: Mundharmonika Kurs-Teilnahme (René gibt einen Kurs)*
*Mi: Matthias projiziert unsere Schmalfilme (alle)*
*Do: TV-Abend, Matthias sucht das Programm aus*
*Fr: Turnverein, 1 mal/Wo (mit René und Ruth)*
*Sa: Matthias führt unsere Schmalfilme vor (alle)*

*Samstag-Nachmittag: frei*
*Sonntag-Vormittag: Musik hören*
*Sonntag-Nachmittag: Wandern 3–4 Std. (alle)*

„Es muss im Plan nicht exakt festgelegt sein, an welchem Wochentag welche Tätigkeit an der Reihe ist", erkläre ich Ruth. Das seien nur Vorschläge, es werde an jedem Tag spontan entschieden. Reserven sind: Europa-Karte studieren, Dick und Doof-Filme auf Video anschauen, Bildbände von deutschen Städten aus der Bibliothek ausleihen.

Wir legen unseren Plan schon am drauffolgenden Montag Herrn Doktor Wohlgemut vor. Matthias ist auch bei dieser Besprechung dabei. Er verhält sich still. Wir müssen dem Arzt zu den einzelnen Punkten Erklärungen abgeben.

Ich beginne: „Ich bin mir bewusst, dass wir uns viel vorgenommen haben. Aber wir werden tun, was möglich ist."

Herr Dr. Wohlgemut schaut auf unsern Plan vor sich auf dem Tisch und fragt: „Wie lange können Sie dieses Programm durchhalten? Sie sind ja beide auch noch berufstätig!"

„Bis Ende Jahr!", antworte ich, noch bevor Ruth etwas sagen kann. „Dann schauen wir weiter!"

„Alle Achtung", sagt der Arzt. „Da habt ihr euch aber einiges vorgenommen!"

Ruth sagt zum Arzt: „Eine gewisse Zeit können wir das sicher bewältigen, weil wir uns die Arbeit teilen. Wir haben ja auch einige externe Stellen mit einbezogen, die belasten uns nicht. Zudem arbeite ich jeweils am Abend, mein Mann am Tag. Es ist immer jemand daheim. Die anderen Betätigungen, zum Beispiel das Turnen und Wandern, belasten uns nicht zusätzlich."

„Gut!", sagt der Doktor. „Dann können Sie Matthias mit nach Hause nehmen. Es braucht allerdings noch eine Weile, bis die Austrittsmodalitäten festgelegt sind!"

„Wann können wir Matthias abholen?"

Der Arzt schlägt vor: „Lassen Sie ihn diese Woche noch hier, wir werden ihn auf die Entlassung aus der Klinik vorbereiten. Wenn Sie ihn am Mittwochabend für das Auffahrts-Wochenende abholen, kann er dann gleich bei euch zu Hause bleiben und muss nicht mehr hierher zurückkommen! Ich erwarte allerdings einen regelmässigen Bericht vom behandelnden Arzt aus der externen Psychiatrie."

Wir bedanken uns bei Herrn Dr. Wohlgemut und wollen schon gehen. Da schiebt uns der Doktor einen Zettel hin mit einer von Hand geschriebenen Adresse. Er sagt dazu: „Einer unserer Sozialarbeiter, Herr Hugentobler, hat eine Adresse, wo Matthias hingehen könnte. Es ist eine neue Wohngemeinschaft in Basel eröffnet worden, die WG ‚Morgenstern'. Diese WG ist psychiatrisch betreut, er kann dort handwerkliche Arbeiten ausführen. Herr Hugentobler kennt jemanden von der Heimleitung! Es wäre wichtig, dass Matthias unter der Woche nicht bei euch daheim schläft, denn er muss unbedingt lernen, sich von zu Hause abzulösen. Eines Tages muss er ja ohne euch leben können. Er würde ansonsten in ein tiefes Loch fallen, wenn ihr einmal nicht mehr da seid. Ein weiteres Ziel ist es auch, dass er baldmöglichst wieder einen geschützten Arbeitsplatz annehmen kann. In der WG wird man ihm dabei behilflich sein!"

„Nochmals vielen Dank, Herr Doktor!" Wir verlassen die Klinik Birkenhain. Es klingen Worte in mir nach wie *zwangs-medikamentieren* und *zwangs-hospitalisieren*. *Mit polizeilicher Gewalt.* Matthias, du hast Glück gehabt!

Wir besuchen diese WG „Morgenstern" in Basel. Der WG-Leiter Herr Bertoli und seiner Frau erwarten uns schon. Man hat uns von der Klinik Birkenhain bereits angemeldet.

Herr und Frau Bertoli bitten uns ins Büro. Dort erläutern sie uns die Modalitäten dieser WG: „Es wohnen zwölf rekonvaleszente Patienten und Patientinnen hier. Es sind durchwegs junge Leute, etwa im Alter von Matthias. Sie werden medizinisch und psychiatrisch betreut. Es gibt auch regelmässige Besprechungen mit den Patienten und den Angehörigen. Der Psychiater ist hin und wieder im Haus anwesend, um zu informieren und Fragen zu beantworten."

Es sei in der WG „Morgenstern" noch ein Zimmer frei für Matthias. Einzugstermin wäre ab sofort möglich. Wir vereinbaren, dass Matthias gleich nach den Sommerferien einziehen kann. Problematisch erscheint uns das Finanzielle: Der Aufenthalt in dieser Wohngemeinschaft kostet pro Bewohner wesentlich mehr als Matthias von der Invaliden-Versicherung erhält.

„Kein Problem!", sagt Herr Bertoli. „Wir beantragen eine Ergänzungsleistung bei der IV. Die bekommen hier alle. Als betreute Wohngemeinschaft ist sie von der IV anerkannt!"

Am Mittwoch vor Auffahrt im Jahr 1997 hole ich Matthias mit dem Auto in der Klinik Birkenhain zum letzten Mal ab. Matthias verabschiedet sich von Frau Berger und lässt alle anderen grüssen. Schon stehen wir draussen im Hof. Es kann aber nicht darüber hinwegtäuschen, dass ihm der Abschied schwer fällt. Matthias hat sich an diese Leute gewöhnt und alle ins Herz geschlossen. Einige umarmt er sogar. Er hat ihnen versprochen, schon bald wieder zu Besuch zu kommen. Ich hole im Büro noch die Medikamente für Matthias ab und verabschiede mich herzlich von den Leuten.

An diesem verlängerten Wochenende zu Auffahrt hat Matthias zwei Seelen in seiner Brust: die eine freut sich an der Natur, die andere hat Angst vor dem Leben. Er hat fast unablässig das Doggeli. Trotzdem geben wir ihm die Zusatzdosis Leponex nicht. Wir sind nämlich überzeugt, dass die nicht nur nützen, sondern auch schaden. Aber wir geben ihm die Grunddosis von 300 mg täglich, aufgeteilt in drei Portionen nach ärztlicher Vorschrift. Wir sind gespannt, wie sich unser Therapie-Programm auf ihn auswirken wird!

Es zeigt sich schon nach zwei Wochen, dass gewisse Dinge aus unserem Therapie-Plan für Matthias nicht durchführbar sind. Alles, was in Anwesenheit vieler fremder Leute stattfindet, wie zum Beispiel das Turnen, können wir gleich wieder streichen! Er bekommt inmitten all dieser Leuten heftige Angstzustände. Er quasselt dann unablässig auf diese ein. An eine Weiterführung des Turnprogramms ist daher nicht zu denken. Was ebenfalls wegfällt, das ist der Mal- und der Mundharmonikakurs, denn auch da sind immer einige fremde Leute dabei. Es bestätigt sich somit, was die Therapeutinnen in der Klinik Birkenhain schon gesagt haben: Matthias ist *in einer Gruppe* nicht therapierbar. Allerdings sind alle übrigen Therapien, bei welchen er alleine arbeiten kann, durchaus machbar. Er ist also schon therapierbar, die Frage ist nur, wie man es anstellt. Was sich von unserem Wochenplan in der Folge als sehr gut erweist, das ist:

Mithilfe bei Hausarbeiten
Arbeiten an der Werkbank
Gartenarbeiten
Kartonage-Arbeiten (basteln)
Wandteppiche knüpfen
Zerlegen von defekten elektronischen Geräten
Besuche im Hallenbad
Musikunterricht einzeln mit Musiklehrerin
Wandern in der Natur

Das Hallenbad und auch das Wandern erweisen sich als besonders geeignet. Den Vita-Parcours haben wir zwei oder dreimal mit ihm gemacht, dann ist er in Vergessenheit geraten. Das Projizieren von Schmalfilmen ist daran gescheitert, dass wir selber zu wenig Zeit dazu gefunden haben. Das mit dem Rechnen und dem technischen Zeichnen war anfänglich sehr erfolgversprechend. Ich habe täglich fünfzehn Minuten fürs Rechnen und zweimal in der Woche je eine Stunde fürs technische Zeichnen für Matthias aufgewendet. Es darf einfach nicht zu viel aufs Mal sein. Er hat auch stets fleissig mitgemacht und hat sich sogar als guter Rechner erwiesen. Ich übte Dreisatz- und Prozentrechnen mit ihm. Das Rechnen ist immerhin ein halbes Jahr gut gegangen, dann hat er den Koller bekommen. Er hat einfach nicht mehr gewollt und nicht mehr gekonnt. Wenn ich ihn zum Rechnen gerufen habe, hat er geantwortet: „Wenn ich jetzt rechnen muss, laufe ich weg!" Also liess ich es sein.

Im technischen Zeichnen hat er stets mit Ausdauer gearbeitet. Aber es hat sich mit der Zeit gezeigt, was ich immer wieder habe erfahren müssen: Er macht die Zeichnungen nicht nach der Vorgabe, sondern nach seinen eigenen Vorstellungen. Das bedeutet aber auch, dass er kreativ ist und seine eigene Fantasie ausleben will. Daher wechselte ich mit der Zeit von technischem Zeichnen auf Freihandzeichnen nach seinen eigenen Vorstellungen. Daraus entstand eine Reihe interessanter Zeichnungen, bei welchen es meist um Tiere geht. Dazu hat er im Auftrag von Frau Rathgeb sogar Geschichten erfunden. Es sind einige davon am Schluss des Buches wiedergegeben.

Sein effektives Pensum hat dann mit der Zeit so ausgesehen: Nicht nach einem bestimmten Fahrplan, sondern nach Bedarf beschäftigen! Ideal sind manuelle Arbeiten. Das sogar dann, wenn er von seinen Angstzuständen geplagt wird. Manuell tätig sein holt ihn auf den Boden der Realität zurück und es geht ihm sofort besser. Auch im Hallenbad geht es ihm besser, sobald die erste Welle über seinen Kopf geht. In der Freizeit beschäftigt er sich stundenlang mit Musik hören. Er nimmt die Kopfhörer und geniesst seine Lieblingsplatten, dabei fährt ihm der Rhythmus in die Beine und er erfindet eigene Choreografien. Sogar hier sickert seine Kreativität durch.

Die Musikschule und das Keyboard haben sich als ausgezeichnete Therapie erwiesen und sich viele Jahre als Therapie erhalten. Zwar hat ihm die Musiklehrerin bisher nicht beibringen können, zur Melodie mit der anderen Hand die Begleitung zu spielen – die Akkorde. Dafür hat Matthias aber ein gutes Musikgehör: Er lässt von der CD einen Song laufen, den er sich ausgesucht hat und begleitet die Melodie auf dem Keyboard dazu synchron.
 Er ist sogar in der Lage, eine Melodie, die er soeben gehört hat, aus dem Gedächtnis nachzuspielen. Er erkennt Feinheiten in der Melodie und bringt diese sauber hervor. Ich bin überzeugt, Musik ist eine gute Medizin für psychisch Kranke, auch wenn wir keinen unmittelbaren Erfolg gegen die Angstzustände erkennen können, denn die Musik wirkt dort, wo die Angst herkommt: auf die Seele!

\*

Matthias wohnt noch kurze Zeit bei uns, bald wird er in die WG eintreten. Somit sind wir im Moment noch eine vierköpfige Familie, denn auch Markus wohnt noch bei uns. Markus ist einundzwanzig Jahre alt und macht eine Banklehre. Soeben verabschiedet er sich für ein paar Wochen, weil ihn seine Bank zu einem Sprachaufenthalt in Spanisch auf Gran Canaria verbannt. Der Abschied – obwohl nur für kurze Zeit – macht Markus derart zu schaffen, dass er schon nach zwei

Wochen abbricht und nach Hause kommt. Seine Wurzeln bei uns sind tiefer als wir geglaubt haben, obwohl er ein Adoptivkind ist und seine eigenen Wege geht. Zudem hat er einen Augenstern: Eva. Sie ist erst achtzehn Jahre alt und kommt aus Frankfurt am Main. Die beiden haben einen Pendelverkehr zwischen Frankfurt am Main und Basel begonnen. Einmal besucht Eva ihn mit ihrem Auto hier bei uns, das nächste Mal fährt Markus mit seinem Auto nach Frankfurt am Main.

Wir fragen uns, ob Matthias eigentlich auch gerne eine Freundin hätte. Wir sprechen ihn darauf an. Er sagt dazu nur: „Lasst mich in Ruhe!"
Als ich so alt war wie Matthias, habe ich Ruth geheiratet. Aber er macht sich nichts aus Frauen. Es ist so, als ob die Natur einen Schutz über ihn gelegt hätte, damit er seine Krankheit nicht an Nachkommen weitervererben kann.
„Ich werde nie heiraten und werde auch nie eine Frau haben!", sagt Matthias entschieden.

*

Wir starten wieder eine neue Fernwanderung. Diesmal geht es von Pforzheim über den Ostweg nach Schaffhausen. Matthias kommt wieder mit uns. Wir machen aber diesmal die ganze Strecke am Stück, ohne nach jeder Etappe wieder nach Hause zu fahren. Wir übernachten in Herbergen oder Hotels.

Die Wanderung geht über eine Strecke von 250 km durch den Schwarzwald. Es ist nicht derart abwechslungsreich, wie es unsere Fernwanderung von Basel nach Bellinzona damals war. Der Schwarzwald sieht überall etwa gleich aus: Hügel, Wälder und Dörfer. Aber schön ist er doch. Ich vergesse nie diesen Duft nach Harz in den ausgedehnten Wäldern und die vielen Blumen am Wegrand. Ganz zu schweigen von den herzigen Fachwerkhäusern in den Dörfern.

## 13.  Ein Silberstreifen am Horizont

Im Herbst 1997 – Matthias ist nun 25 Jahre alt und seit über drei Jahren krank – kann er definitiv in die Wohngemeinschaft „Morgenstern" eintreten. In dieser WG gibt es einen Koch sowie mehrere angestellte Betreuer. Das Ehepaar Bertoli leitet die Wohngemeinschaft. Das Ziel ist, dass jeder Bewohner der WG einen geschützten Arbeitsplatz einnehmen kann, wobei Herr und Frau Bertoli bei der Suche behilflich sind.

Im Ganzen gibt es zwölf Bewohner, welche tagsüber in der WG bleiben oder an ihren geschützten Arbeitsplatz gehen. Einige sind soweit selbständig, dass sie während Stunden in der Stadt spazieren gehen können, andere hingegen leiden unter schweren Depressionen und müssen ständig betreut werden. Wenn es sein muss auch am Abend und bis spät in die Nacht. In solchen Fällen bleibt eine Betreuerin hier.

Tagsüber können die Bewohner tun und lassen, was sie wollen, sie dürfen auch das Haus verlassen. Zum Essen aber müssen sie alle zurück sein; falls nicht, müssen sie sich vorher abmelden. Für die abendliche Unterhaltung gibt es einen Fernseher und eine Musik-Anlage mit CDs im Aufenthaltsraum.

Wir bleiben dabei, dass Matthias weiterhin tagsüber zu uns kommt und wir beschäftigen ihn wie bisher mit unserem Programm nach unserem Therapie-Wochenplan. Am Abend fährt er alleine mit Tram und Bus wieder zur WG zurück. Er hat dort in der zweiten Etage ein Zimmer für sich allein. Um das Zimmer einzurichten, besuchen wir mit ihm ein Möbelgeschäft. Weil Matthias sehr sparsam ist, verfügt er über genügend Geld, um sich seine Möbel selber zu bezahlen. Er kauft sich sogar eine eigene Stereo-Anlage mit CD-Player.

Wir beauftragen einen Bekannten, der einen Lieferwagen hat, die neuen Möbel in die WG zu liefern. Was noch fehlt, ist das Wichtigste: ein Bett. Wir stellen in der Not einen Lattenrost auf den Boden und legen die Matratze darauf. Dieses Bett ist dadurch ein bisschen niedrig geraten, aber es geht zur Not. Dafür legt Matthias grossen Wert auf Details: Das Modell eines Oldtimer-Autos gehört auf die Wohnwand; es gehört ein Bild an die Wand; die Stereo-Anlage bekommt einen Ehrenplatz in der Wohnwand auf Augenhöhe. Ich wage nicht, ihm die Lautsprecher aufzustellen, denn in puncto Lautstärke kennt Matthias keine Gnade. Bei einer schmissigen Platte würde er sogar mitten in der Nacht die Lautstärke voll aufdrehen. Um Reklamationen vorzubeugen, darf er Musik ausschliesslich mit dem Kopfhörer hören. Darauf bestehen wir, denn wir wollen nicht, dass er deswegen mit den übrigen Patienten Probleme bekommt.

*

In meinem Beruf als Lehrer habe ich alle Hände voll zu tun. Ich muss neben dem Unterricht auch meine Einsätze als Experte für die Lehrabschluss-Prüfungen vorbereiten und durchführen. Ich kann mich nicht immer um Matthias kümmern, auch Ruth arbeitet nun fast jeden Abend.

Trotzdem will ich mein Hobby Schmalfilm nicht aufgeben. Weil ich zu Hause zu wenig Platz habe, miete ich in Reinach am Tulpenweg einen kleinen Hobby-Raum in einem Untergeschoss und richte mein Filmstudio dort ein. Ich schneide, montiere und vertone meine 16mm-Filmproduktionen. Dazu richte ich mich mit professionellem Equipment ein. Matthias besucht mich dort regelmässig und fühlt sich da besonders wohl. Ich richte für ihn einen eigenen Tisch ein, auf dem er alte elektronische Geräte zerlegen, welche von Ruths Flohmärkten übrig geblieben sind. Matthias arbeitet dabei mit Beisszange und Schraubenzieher. Ich bemerke, dass er Schrauben mit Hammer und Meissel öffnen will, anstatt sie aufzuschrauben. Wenigstens nimmt er keine Axt.

*Mein Atelier in Reinach BL, ich arbeite gerade an einer Tonbildschau.*

*Matthias in meinem Atelier. Er ruft: „Ich fühle mich wohl!"*

Matthias macht auch Bastelarbeiten. Er arbeitet gerne mit Holz und der Laubsäge. Die ausgesägten Figuren bemalt er mit Plakatfarben. Einmal baut er sogar ein ganzes Haus aus Sperrholz; er sägt die Fensteröffnungen aus und macht mit Taschenlampen-Licht und einer Batterie hell im Innern. Dabei muss ich ihm helfen.

Nach kurzer Zeit hat Matthias wieder einen geschützten Arbeitsplatz in Basel. Er kann im „Take It" nahe der WG in der Werkstatt mithelfen. Er muss dort elektrische Stecker montieren oder die Postabfertigung erledigen. Es gefällt Matthias gut in dieser Werkstatt und er hat sofort neue Freunde. Auch hören wir von Herrn Bertoli, dass er sich in der WG gut mache. Wenn Matthias wolle, könne er für immer bleiben. Als wir dies Matthias mitteilen, jauchzt er: „Jeeeeh, für immer bleiben, für immer!"

## 14. Ein Jahr des Umbruchs: 2000

Kurz vor dem Silvester 1999 erwischt es mich gesundheitlich. Ist es der Stress mit der Schule, ist es das pausenlose Schuften oft bis in die Nacht, um am Computer Arbeitsblätter für die Schüler zu erstellen, Klausuren aufzustellen und zu korrigieren? Ich gönne mir kaum eine Pause. Alles will ich hundertprozentig machen und lasse keine Halbheiten zu. Für mein Hobby Film habe ich nur noch in den Ferien Zeit.

Vor einer Klasse passiert es dann. Es wird mir ganz plötzlich schwindlig, die Welt dreht sich wie ein Karussell. Ich sinke auf meinen Stuhl. Nach einer unbestimmten Zeit sehe ich die Schüler noch immer wie aus einem fahrenden Karussell vor mir und frage: „Was ist passiert?"

Am selben Tag besuche ich meinen Hausarzt Doktor Edelmann. Besorgt macht er ein EKG. Nach einer gründlichen Untersuchung meint er: „Da war nichts, kein Herzinfarkt. Auch sonst ist nichts Abnormes erkennbar. Aber wir dürfen es nicht unbeachtet lassen. Melden Sie sich bei mir, sobald etwas nicht stimmt."

Am Arbeitsplatz kommt es in der Folge immer häufiger zu derartigen Ausfällen, ich muss wiederholt den Hausarzt aufsuchen. Einmal gehe ich sogar vom Unterricht weg zur Notaufnahme des Kantonsspitals, weil ich wie auf schwankenden Schiffsplanken gehe. Diese Schwindel-Anfälle werden neuerdings auch von Atemnot begleitet. Eine Untersuchung bei einem Spezialarzt zeigt, dass ich an einem Belastungs-Asthma leide.

„Ein unbekannter psychischer Stress löst diese Atemnot aus", meint der Arzt. Weiter stellt sich heraus, dass auch mein Herz bereits angeschlagen ist. Die Herzspezialistin stellt bei einer Untersuchung mit Ultraschall eine Aorten-Insuffizienz fest. Die Ärztin stuft mich als mittelschwer herzkrank ein! Ich muss nun ebenfalls Medikamente nehmen.

Matthias ist sehr verängstigt über meinen Zustand. Er glaubt, ich könne plötzlich tot umfallen und er habe dann keinen Papa mehr. Ich mache ihm klar, dass jeder Mensch plötzlich tot umfallen könne. Aber Matthias ist nicht zu trösten. Er spricht Tag und Nacht nur noch von seiner Angst, er könne mich verlieren. Sie müssen ihm deswegen im „Morgenstern" die Leponex-Dosis erhöhen. Als das noch nichts nützt, weist Dr. Wohlgemut von der Klinik Birkenhain Matthias einem Psychiater zu, einem Herrn Doktor Pattmacher. Ruth empfindet schon bei der ersten Besprechung eine starke Antipathie gegen diesen Arzt und meint, da müssten wir wohl selber schauen; der rede nur und verschreibe ihm zusätzliche Pülverchen.

*

Der Kantonsarzt konstatiert bei mir ein beginnendes Burnout-Syndrom und meint dazu: „Wir müssen retten, was noch zu retten ist. Es kann sonst passieren, dass Sie völlig arbeitsunfähig werden!" Ich bekomme eine Entlastung und muss nicht mehr das volle Pensum unterrichten.

Mein Arbeitgeber verlangt zudem, dass ich eine psychologische Betreuung in Anspruch nehmen müsse. Mein Hausarzt weist mich der Psychologin Frau Ursula Rathgeb zu.

Schon bald findet für mich die erste Sitzung bei Frau Rathgeb statt. Sie befragt mich und findet rasch heraus, wo mich der Schuh drückt. Es geht um den Stress im Unterricht. Ich unterbreite ihr: „Ich habe arge Probleme mit einigen Schülern, die keinen Anstand und keinen Respekt aufbringen. Diese kommen in den Unterricht, strecken die

Schuhe auf den Tisch, stöpseln die Kopfhörer in die Ohren, in den Händen das Handy. Wenn ich sie auffordere, das Handy wegzulegen, schreien sie mich an: ‚Was ist los?' und machen weiter. Diese Schüler glauben wohl, sie seien nun erwachsen und müssen sich von niemandem mehr etwas sagen lassen. Schliesslich sind sie jetzt sechzehn!"

Frau Rathgeb meint dazu: „Sie können dieses Verhalten einzelner Schüler deshalb nicht verstehen, weil Sie selber sehr produktiv sind. Diese Schüler können aber nur konsumieren. Warum wollen Sie die erziehen? Machen Sie einfach den Unterricht nach Vorschrift. Wenn einzelne Schüler nicht mitmachen wollen, dann sollen sie selber schauen, was dereinst aus ihnen wird! Es sind sicher die meisten, die mitmachen. Orientieren Sie Ihren Unterricht einfach an den Fleissigen und überlassen Sie die andern sich selber!"

Bei weiteren Kontakten mit Frau Rathgeb wird ihr auch klar, dass ich mich wegen meiner Krankheit minderwertig fühle. „Sehen Sie das Positive! Jetzt haben Sie doch einen Freiheitsgewinn durch die Reduktion Ihrer Arbeitszeit. Nehmen Sie die gewonnene Zeit und tun Sie das, was Sie schon immer tun wollten!"

Sie hat mir noch eine weitere wichtige Empfehlung gegeben: „Machen Sie täglich einen Spaziergang von mindestens einer halben Stunde mit zügigem Schritt. Setzen Sie sich auf eine Bank und schauen Sie in die Ferne, aber nehmen Sie keine Arbeit mit, auch keine Zeitung! Nach dem Mittagessen schlafen Sie jeweils eine Stunde. Ich bin sicher, dass dann diese Schwäche-Anfälle ausbleiben!"

Ich setze das um, was mir Frau Rathgeb empfohlen hat. Auch lege ich täglich diese Rathgeb'schen Pausen ein. Nach einiger Zeit brauche ich Frau Rathgeb nicht mehr. Auf einer Wanderung sage ich zu Ruth: „Diese Frau Rathgeb wäre doch eigentlich die ideale psychologische Betreuerin für Matthias." Ruth findet es eine gute Idee. Matthias soll diese Psychologin an meiner Stelle besuchen.

Schon bald findet die erste Besprechung von Matthias bei Frau Rathgeb in ihrer Praxis statt. Ich erfahre allerdings nicht von ihr, wie es um Matthias steht oder welche Fortschritte er macht. Ich erfahre auch nicht, welcher Art die Therapie ist, die sie mit Matthias macht. Sie sagt dazu: „Dies ist eine Sache zwischen ihm und mir. Er ist kein Kind mehr und kann selber entscheiden. Er muss nicht mit euch darüber reden, was wir hier besprechen!"

Peng! Aber Frau Rathgeb hat unser volles Vertrauen, so geht Matthias weiterhin zu ihr. Wir bedrängen Matthias auch nicht mit Fragen. Er muss selber wissen, was er uns sagen will.

*

Das Jahr 2000 hat es in sich. Unser Adoptivsohn Markus zieht aus! Er hat in der Umgebung von Basel eine Zweizimmer-Wohnung gefunden. Er ist jetzt 25 Jahre alt und gelernter Bankfachmann. Eine neue Freundin hat er auch. Zudem hat er im Kampfsport nicht locker gelassen und kämpft schon mit dem braunen Gürtel an internationalen Judo-Meisterschaften und holt Kampfpunkte.

Schon kurz nach den Sommerferien 2000 teilt uns der Psychiater Dr. Pattmacher mit, dass Matthias nicht therapierbar sei und er die Verantwortung für eine weitere Behandlung nicht mehr tragen könne, da Matthias extrem suizidgefährdet sei. Der Arzt beendet die Behandlung von Matthias. Das kann uns nur recht sein. Das Problem ist aber, dass Frau Rathgeb als Psychologin von der Krankenkasse nicht anerkannt ist und somit Herrn Dr. Pattmacher nicht voll ersetzen kann. Wir erfahren von Frau Rathgeb auch, dass neuerdings die Krankenkasse nicht einmal mehr einen Beitrag für ihre Behandlung zahlt, obwohl sie einen Universitätsabschluss hat. Bisher hatte die Krankenkasse wenigstens einen Teil übernommen. Matthias muss nun das Honorar für Frau Rathgeb selber bezahlen. Wir machen uns darüber keine Gedanken und schicken Matthias weiterhin zu ihr.

Eine Hiobsbotschaft ereilt uns im Jahr 2001. Der für Matthias so sicher scheinende Aufenthalt in der Wohngemeinschaft „Morgenstern" gerät ins Wanken. Unverhofft und unerwartet teilt uns der Heimleiter Herr Bertoli mit, dass Matthias in dieser WG untragbar geworden sei, weil er andauernd mit seinen Problemen den andern Mitbewohnern auf den Geist gehe. Die Mitbewohner hätten schon genug mit sich selber zu tun und wollten nicht andauernd mit seinen Angstzuständen behelligt werden.

Somit ist der Aufenthalt am geschützten Arbeitsplatz „Take It" ebenfalls hinfällig, denn das Eine ist vom Anderen abhängig. Wir sind masslos enttäuscht. „Matthias kann bei uns bleiben, so lange er will", hatte es anfänglich geheissen. Nun das! Es ist unglaublich. Wieder einmal sind wir auf uns selber gestellt – und auf Frau Rathgeb.

*Fotos aus dem Familien-Album zeigen schöne Erinnerungen. Hier in den Ferien 1982 im Engadin, als wir noch froh und glücklich waren. Wenn es nur wieder so sein könnte!*

## 15. Es wird alles gut!

Wir schreiben das Jahr 2002. Matthias ist nun 30 Jahre alt. Er muss am 6. Juni aus der WG „Morgenstern" ausziehen. Doktor Wohlgemut von der Klinik Birkenhain verlangt, dass Matthias sofort und unverzüglich zurück in die Klinik komme. Er will ihn erneut hospitalisieren. Nicht mit uns!

Frau Rathgeb nimmt das Zepter in die Hand. Sie ist der Ansicht, dass Matthias eigentlich gar keine WG mehr brauche und auch kein Spital. Er soll eine normale Mietwohnung suchen, wo er wohnen, schlafen, selber kochen und Musik hören kann. Sie meint auch, dass es enorm wichtig sei, dass Ruth ihn kochen lehre, das fördere sein Selbstvertrauen ungemein. Sobald er nämlich selber wohne, brauche er keine WG mehr und auch keine Ergänzungsleistungen von der IV. Was er allerdings trotzdem haben müsse, sei ein geschützter Arbeitsplatz. Dies deshalb, damit er nicht zu Hause herumliegt.

Frau Rathgeb findet zunächst keinen derartigen Arbeitsplatz für Matthias. Diese Plätze sind sehr rar. Trotzdem stimmt Herr Doktor Wohlgemut zu, dass wir Matthias vorläufig wieder zu Hause mit dem damals von uns aufgestellten Therapie-Wochenplan beschäftigen.

Wir erfahren, dass Herr Bertoli von der WG „Morgenstern" darüber gelacht habe und überzeugt sei, dass Matthias bald wieder in der Birkenhain-Klinik eintrudeln werde. Aber in diesem Punkt hat er sich schwer getäuscht: Matthias ist nie mehr stationär in eine Klinik zurückgekehrt! Stattdessen müssen wir später erfahren, dass Herr Bertoli nicht mehr Leiter der WG „Morgenstern" ist. Wir wissen weder den Grund, noch was er heute macht. Es interessiert uns auch gar nicht. Dieses Kapitel ist geschlossen.

Sofort, noch Anfang Juni 2002, gehen Ruth und ich auf die Suche nach einer geeigneten Mietwohnung für Matthias. Ich wende mich an eine Basler Wohnungs-Verwaltung aus dem Telefonbuch und bekomme von diesen mehrere Angebote. Drei dieser Offerten überprüfen wir zusammen mit Matthias. Bei der ersten Wohnung in der dritten Etage eines grossen Mehrfamilienhauses, an der Güterstrasse in Basel gelegen, betrachtet Ruth den Balkon mit dem niedrigen Geländer zum Hinterhof nachdenklich. Sie denkt wohl an Suizidversuche. „Nicht diese Wohnung!", sagt sie und wir gehen weiter. Auch die zweite Wohnung im selben Quartier kommt nicht in Frage: es steht zu viel Unrat im Korridor umher. Wir besichtigen die dritte Wohnung. Diese Einzimmerwohnung liegt in der zweiten Etage eines neueren Wohnblocks und hat keinen Balkon, aber eine Aussicht ins Grüne. Zudem ist es nicht weit bis zur nächsten Tram- und Bushaltestelle. Matthias will sofort einziehen.

Die Verwaltung verlangt keine Kaution, will aber, dass wir Eltern die Zahlungen des Mietzinses leisten. Ich unterschreibe den Mietvertrag als Beistand und Vater. Ich habe mich soeben selber zum Beistand von unserem Sohn Matthias erkoren.

Matthias musste in der WG „Morgenstern" 2 800.- Franken im Monat bezahlen, was eine Ergänzungsleistung der IV erforderlich machte. Somit kann ich jetzt die Ergänzungsleistung der IV kündigen, denn seine Mietwohnung kostet nur 600.- Franken im Monat. Dafür reicht die normale IV-Rente längst. Wir haben ein besseres Gefühl, wenn wir öffentliche Mittel nicht zu stark in Anspruch nehmen müssen.

Matthias beginnt nun sein eigenes Leben. Endlich! Frau Rathgeb hat auch angeregt, dass Matthias am Morgen von selber aufsteht und mit Bus und Tram zu uns nach Reinach kommt. Unser Therapie-Wochenplan wird somit weiterhin eingehalten. Nur das Wochenende darf er bei uns in Reinach schlafen. Er gilt in Reinach somit als Wochenend-Aufenthalter. Wir sind und bleiben eine Dreipersonen-Familie.

Mit der Gemeinde Reinach wird vereinbart, dass Matthias weiterhin in Baselland Steuern zahlt, aber auch die IV-Rente von der IV-Stelle Baselland erhält.

Matthias gewinnt seinen goldenen Humor langsam wieder. Auf einem Sonntagsspaziergang kommt uns einmal eine Frau mit einem Hund entgegen. Der Hund geht müde und langsam. Matthias beugt sich zu ihm hinunter und sagt: „Auf diese Weise kommst du aber nie bis Paris!" Die Frau lacht. Matthias sagt zu uns: „Sogar der Hund hat lachen müssen."

Bei Wanderungen oder Spaziergängen geht es ihm stets gut. Er macht andauernd seine Witze. Er scherzt, es habe ein Herr Angst ein Fräulein Hase geheiratet, dann habe „Angst-Hase" an der Klingel gestanden.
Ich kontere: „Es hat einmal ein Herr Freier ein Fräulein Eintritt geheiratet. Es stand dann ‚Freier Eintritt' an der Tür, und die Leute kamen in Scharen!" Matthias lacht schrill durch den Wald, springt zu Mami und ruft: „Ein Herr Freier und ein Fräulein Eintritt!" Ruth sagt zu mir: „Habt ihr wieder die Blödelwelle?"

Matthias kommt aber ebenso gerne auf philosophische Betrachtungen zu sprechen. Besonders nach einer Lach-Tirade ist oft ein ernsteres Thema angesagt. Heute ist wieder einmal unser Bewusstsein dran.

„Wenn wir einmal sterben, wohin geht das Bewusstsein dann?"
„Wohin geht das Feuer, wenn es aus ist? Das ist eigentlich die gleiche Frage. Kinder stellen diese Frage gerne, weil sie glauben, ein Feuer sei ein Objekt. Das Feuer ist kein Objekt, sondern ein Zustand. Es geht nirgendwo hin, es hört einfach auf."

In seinen Fragen sieht man auf den Grund der Welt. Matthias macht sich immer wieder Gedanken, warum wir eigentlich hier sind, ob wir die Einzigen im weiten Weltraum seien und wohin wir gehen, wenn wir sterben. Dazu erinnere ich mich bruchstückhaft an einen Spruch aus dem Mittelalter; es war der Wahlspruch meines Vaters:

*Ich komm', weiss nicht woher,*
*ich bin, weiss nicht wer,*
*ich geh', weiss nicht wohin,*
*mich wundert,*
*dass ich so fröhlich bin.*

Zurück auf den Boden der Wirklichkeit. Matthias ist froh über die Ereignisse, dass er jetzt in einer eigenen Wohnung leben kann. Er nimmt weiterhin die ärztlich verschriebenen Medikamente Leponex & Co. Seine Angstzustände bestehen zwar noch immer, aber sie werden schwächer und wechseln ihr Erscheinungsbild. Er hört zwar keine Stimmen mehr und fühlt sich auch nicht mehr ferngesteuert. Leider kommt aber eine andere Form von Angstzuständen auf: Zwangsstörungen! So bezeichnet Frau Rathgeb sein neues Verhalten. Wenn zum Beispiel ein Vogel genau in dem Moment zwitschert, in dem er eine Tür zumacht, dann glaubt er, dass dieser Vogel wusste, dass er jetzt diese Tür schliesst und deswegen gezwitschert hat. Das macht ihm grosse Angst. Daher öffnet und schliesst Mattias diese Tür nun dauernd, um zu überprüfen, ob dieser Vogel jetzt wohl wieder zwitschere.

Frau Rathgeb schickt Matthias ab dem 18. Juni 2002 für Besprechungen zu einer Ärztin, Frau Doktor Schneider, in eine Privatklinik in Arlesheim. Auch die Medikamente bekommt er nun von dort. Somit ist die medizinische Betreuung durch die Klinik Birkenhain nun auch Vergangenheit. Weil Arlesheim zudem nicht weit von Reinach entfernt ist, kann Matthias sogar zu Fuss dorthin gehen und seine Medikamente selber abholen. Wir bestehen darauf, dass er allein hingeht. Das fördert sein Selbstvertrauen.

Frau Doktor Schneider informiert, man müsse die Medikamentierung unbedingt beibehalten. Setze man die Medikamente ab, kämen die

Stimmen wieder und auch die Suizidversuche. Die Nebenwirkungen der Medikamente wie Gewichtszunahme, Müdigkeit und auch die Verminderung der Anzahl weisser Blutkörperchen seien das kleinere Übel.

Man hat den Teufel mit dem Beelzebub ausgetrieben!

Ich äussere der Ärztin die Vermutung, dass diese Zwangsstörungen, die neuerdings auftreten, eine Nebenwirkung der Medikamente sein könnten. Frau Dr. Schneider verneinte: „Diese Zwangsstörungen sind eine Form der Schizophrenie. Die Schizophrenie hat eben viele Facetten. Diese Zwangsstörungen sind schon früher bei ihm da gewesen. Nur jetzt treten diese mehr in den Vordergrund, weil die Stimmen und die Angst vor dem Leben in den Hintergrund getreten sind."

*

Frau Rathgeb hat an der psychiatrischen Universitäts-Klinik PUK in Basel einen möglichen geschützten Arbeitsplatz für Matthias in Aussicht. Das ist Musik! Besser könnte er nicht aufgehoben sein. Allerdings sei im Moment kein Platz frei. Matthias wird auf die Warteliste gesetzt.

Erst über ein Jahr später erhalten wir von Frau Rathgeb die gute Nachricht, dass Matthias nun an der psychiatrischen Uni-Klinik Basel in der Werkstätte „Regenbogen" beginnen könne. Wir stellen ihn dort seinem künftigen Vorgesetzten, Herrn Wilhelm, vor.

Matthias beginnt am 8. Januar 2004 in der Werkstätte „Regenbogen" zu arbeiten. Es gibt hier eine Reihe von Arbeiten, die angeboten werden; von den einfachsten bis zu komplexen Tätigkeiten: zum Beispiel die Montage von elektrischen Mehrfach-Steckdosen. Seine Arbeitszeit ist Montag bis Freitag von 8.00 Uhr bis 11.30 Uhr. Vorerst soll Matthias nur halbtags arbeiten, damit er nicht überfordert wird. Die

Probezeit ist auf einen Monat festgelegt. Die Präsenzzeit soll sukzessive gesteigert werden bis auf 100 Prozent.

Sein Tagespensum sieht jetzt so aus: Er wohnt in seiner eigenen Wohnung, steht am Morgen ohne Hilfe selbständig auf und fährt mit dem Bus direkt zu seiner Arbeitsstätte. Zum Mittagessen kommt er zu uns nach Reinach. An den Nachmittagen beschäftigen wir ihn gemäss unserem Therapie-Wochenplan. Abends fährt er noch vor 19.00 Uhr zu sich heim, um sich selber etwas zu kochen. Frau Rathgeb nennt dies ein „Ablöse-Training". Was Matthias allerdings noch nicht kann, ist seine Post selber zu erledigen. Das macht Ruth für ihn. Auch seine Einzahlungen am Ende des Monats macht Ruth. Es wäre ein weiteres Ziel, dass er auch diese Dinge mit der Zeit selber erledigen könnte.

Es kommt nach einem Monat – nach Ablauf der Probezeit – der erste Bericht von seinem Vorgesetzten, Herrn Wilhelm. Die ersten zwei Wochen liessen sie ihn isoliert von den andern werken, seither arbeitet er in einer Dreiergruppe mit zwei Frauen zusammen. Es hat bisher keine Probleme gegeben, er ist überall und für jede Arbeit einsetzbar. Er kann auch die schwierigsten Aufgaben bewältigen. Herr Wilhelm schreibt auch, dass Matthias weiterhin hier arbeiten könne.
    Als wir Matthias mitteilen, dass er nun definitiv in der Werkstätte der psychiatrischen Uni-Klinik bleiben könne, sagt er: „Jetzt muss nur noch die Ortstafel von Frankfurt exakt an der Stadtgrenze aufgestellt werden, dann ist das Leben ein Traum!" Typisch Matthias!

\*

An meinem Arbeitsplatz in der Schule habe ich gelernt, mit Stress-Situationen besser umzugehen. Gemäss Vorschlag von Frau Rathgeb orientiere ich mich an den guten Schülern und überlasse die übrigen sich selber. Die Drohungen, Verleumdungen und Beschimpfungen einiger Schüler gegen meine Person lasse ich an mir abprallen. Dazu habe ich mir eine Antwort bereitgelegt: „Wenn Sie mit mir anständig sind, dann bin ich es mit Ihnen auch!"

Was mir aber immer mehr zu schaffen macht, ist dieses Desinteresse einzelner Schüler an ihrer eigenen Zukunft, diese Null-Bock-Stimmung, diese Lari-Fari-Mentalität. Diese Schüler stören andauernd, lassen sich nichts sagen, beschäftigen sich mit allem, nur nicht mit dem Unterrichtsstoff und schwänzen die Schule nach Belieben. Die Zeugnisnoten sind ihnen völlig egal. Es ist eine Tragödie: Diese Schüler könnten, wollen aber nicht. Matthias will, aber er kann nicht.

Ich erinnere mich daran, wie ich in meiner Jugendzeit neun Stunden am Tag in der Fabrik gearbeitet hatte, abends noch zwei bis drei Stunden in die Gewerbeschule gegangen war und keine Unterrichtsstunde je geschwänzt hatte. Mein Ziel war es immer, eine Ausbildung zu machen, die Stich hält durch Leben. Bei diesen Schülern, die ich jetzt unterrichten soll, kommt mir der Ausdruck „Lost Generation" in den Sinn.

Ich kann nicht mehr, ich will nicht mehr, ich mag nicht mehr. Ich hätte mit meinem Hobby Film derart viel zu tun, ich könnte mit Ruth und Matthias viele Reisen machen, und mich noch mehr um Matthias kümmern. Stattdessen bilde ich Schüler aus, die eigentlich gar nicht ausgebildet werden wollen.

Auf den 1. Oktober 2005 lasse ich mich im Alter von 61 Jahren vorzeitig pensionieren. Natürlich habe ich gerechnet, ob das Geld reicht, denn wir geraten nahe ans Existenz-Minimum. Augen zu und durch! Ich nehme den finanziellen Verlust in Kauf, denn die gewonnene Freiheit erachte ich als unbezahlbar. Den Lehrerberuf und auch die Chemie hänge ich an den Nagel. Zum guten Glück haben wir eine preisgünstige Mietwohnung in Reinach BL, haben noch immer unseren mittlerweile alten Audi 100 und haben uns finanziell nie auf die äussersten Äste hinaus gelassen. Das kommt uns jetzt zu Hilfe, daher wird es gehen.

Ich beginne, meine Pensionierung zu planen. Mein Hobby Film will ich intensiver leben, als es mir bisher möglich war. Ich möchte tolle Reisefilme machen und diese Filme in Altersheimen vorführen. Ich habe schon seit einiger Zeit meine Filme in Altersheimen gezeigt und bekam immer ein gutes Echo. Ich hatte bisher stets eine freiwillige Spesen-Entschädigung erhalten. In meiner aktuellen finanziellen Notsituation als Folge der Frühpensionierung habe ich nun damit begonnen zu sagen, was eine Vorführung kostet. Und siehe da: schon bald werde ich mit Aufträgen zu Filmvorführungen überhäuft! „Was nichts kostet, ist nichts wert", das hatte schon meine Mutter immer gesagt.

Zwar mache ich keinen Profit, aber zumindest wird das teure Hobby Film selbsttragend. Ich kann mir sogar eine moderne Video-Ausrüstung anschaffen, was die Kosten des Verbrauchsmaterials gegenüber dem teuren Schmalfilm massiv billiger macht – ein entscheidender Vorteil. Natürlich muss ich den angemieteten Hobbyraum ebenfalls aufgeben und richte mir daheim ein Arbeitszimmer ein.

Vom teuren 16mm-Film distanziere ich mich. Nur schade um die tolle Ausrüstung, die ich mir angeschafft habe. Doch das ist Schnee von gestern, ich stelle meine tolle Arriflex 16mm-Kamera in die Vitrine. Als ob das noch nicht reichen würde, erscheint 2006 eine Presse-Mitteilung der Firma Kodak, dass die Produktion von Amateur-Schmalfilmmaterial eingestellt wird.

Es beginnt eine neue Zeit.

Die gesundheitlichen Probleme, die im Jahr 1999 begonnen hatten, sind seit meiner Pensionierung wie weggeblasen.

## 16. Wieder in Frankfurt am Main

Es ist Oktober 2009. Ich bin jetzt seit vier Jahren pensioniert, 65 Jahre alt und erhalte somit die AHV. Matthias ist nun 37 Jahre alt und seit seiner Erkrankung sind fünfzehn Jahre vergangen.

Am 23. Oktober 2009 fahre ich mit Matthias im Intercity wieder einmal nach Frankfurt am Main, seiner Traumstadt. Wir wollen für zwei Tage bleiben. Matthias geht es gut, er freut sich auf diese Reise. Er freut sich besonders auf sein Frankfurt mit den tollen Hochhäusern. Er liebt Hochhäuser über alles.
„Man kann so herrlich nach oben schauen", meint er dazu.

Sein Zustand hat sich massiv gebessert. Ich habe keinerlei Bedenken mehr, mit ihm im Zug zu reisen, er verhält sich friedlich und er fühlt sich wohl. Bis auf Kleinigkeiten. Matthias schaut die Zeitung an. Heute stolpert er immer über die Zahl 22. Auf zwei verschiedenen Seiten findet er die Zahl 22 und fragt: „Dort steht die Zahl 22 und hier auch. Ist das ein grosser Zufall?"
Ich empfehle ihm: „Schau doch lieber hinaus!"
„Ich kann nicht, es stehen zu viele Zufälle in der Zeitung."

Er muss aufs Zug-WC und kommt lange Zeit nicht mehr zurück. Ich ahne, was los ist und gehe nachschauen. Er ist sicher wieder in einer Zwangsstörung hängen geblieben. Prompt höre ich, wie jemand andauernd die WC-Tür zuschlägt. Es ist Matthias, er klagt: „Es hat wieder ein Geräusch gegeben, als ich die Tür schliessen wollte. Der Zug hat genau in diesem Moment gequietscht! Woher hat der Zug gewusst, dass ich die Tür zugemacht habe?"

Wir erreichen Frankfurt am Main, Hauptbahnhof. Matthias geht achtlos an seinem Bleistifthochhaus vorbei, immer auf der Suche nach der Zahl 22. Wir finden ein bescheidenes Hotel in Bahnhofsnähe und beziehen das Zimmer. Zum Glück ist es nicht die Nummer 22. Ein Doppelzimmer mit Frühstück. Ich lege den Medikamenten-Spender für Matthias bereit, so dass wir es am Abend und am Morgen nie vergessen, dass er seine Medikamente nehmen muss. Er nimmt noch immer seine Leponex-Tabletten, jetzt noch 250 mg pro Tag, und dazu Zoloft Filmtabletten 100 mg pro Tag. Zoloft wird vor allem zur Behandlung von Stimmungsstörungen wie z. B. Depressionen eingesetzt, aber auch gegen Zwangsstörungen.

Wir betreten die Strassen von Frankfurt. Da liest Matthias an einem Haus die Nummer 22. Ich bringe ihn fast nicht mehr dort weg. Und

*Matthias geht achtlos an seinem Bleistifthochhaus vorbei.*

als wir in einem Restaurant die Rechnung bezahlen, steht 22,60 Euro auf der Rechnung. Er ruft laut: „Ich will wissen, woher die gewusst haben, dass ich an die Zahl 22 denke!"

Schnell weiter! Frankfurt hat uns wieder. Wir besichtigen das Main-Ufer, den Eisernen Steg, gehen auf eine Aussichtsplattform an der Zeilgalerie und spazieren durch die Wolkenkratzer-Schluchten. Matthias ist in seinem Element.

In einem Büro sehen wir Leute an Computern arbeiten.
Matthias fragt: „Warum hat eigentlich ein Computer keine Fantasie?" Ich steige auf das hohe Ross des Schulmeisters und erkläre: „Weisst du, das ist so: Ein Computer hat deshalb keine Fantasie, weil er nur das hat, was man ihm eingegeben hat!" Ich beisse in einen Apfel. Nach einer kurzen Weile sagt Matthias: „Wir haben ja auch nur das, was uns eingegeben worden ist!" Mir bleibt der Bissen im Hals stecken. Matthias ist ein guter Denker, das ist unverkennbar. Er kann spontan die treffende Antwort geben.

In einem Café setzen wir uns in eine Ecke. Wir diskutieren über Gott und die Welt. Matthias kommt auf das Paradies zu sprechen. Ich frage ihn, wie er sich eigentlich das Paradies vorstelle. Matthias: „Wenn wir im Paradies wären, dann wäre es gar nicht mehr ein Paradies."
„Warum?", will ich neugierig wissen.
„Weil das Paradies nur in der Vorstellung ideal ist."
Hoppla! Jetzt ist seine philosophische Welle wieder da. Diese Aussage erinnert mich an Aussagen des Philosophen Immanuel Kant.

Auch fragt Matthias häufig, ob es auf der Welt eine Gerechtigkeit gäbe. Es sei doch ungerecht, dass er derart habe leiden müssen: „Andere können einen Beruf erlernen, Geld verdienen und reisen, wohin sie wollen!"
„Es gibt sicher eine Gerechtigkeit, nur kennen wir den Plan des

Schöpfers nicht. Weil wir diesen Plan nicht kennen, können wir es auch nicht verstehen."

Matthias fragt: „Du hast doch immer gesagt, dass sich die Zeit wiederhole, und das immer und immer wieder, bis in alle Ewigkeit. Bedeutet das, dass ich diesen Zustand meiner Krankheit immer wieder erleben muss?"

„Dass sich die Zeit in alle Ewigkeit wiederholt, diesen Satz hat Albert Einstein unterschrieben. Allerdings hat er dazu den denkwürdigen Satz geäussert: ‚Ich weiss, dass es so ist, aber ich glaube es nicht!' Aus dieser Aussage lässt sich erkennen, dass er sich bewusst war, nicht alles zu wissen. Da steckt ein grosses Geheimnis dahinter. Wir werden es nie erfahren, Gott lässt sich nicht in die Karten schauen."

Matthias: „Wenn sich die Zeit wiederholt, dann heisst das aber auch, dass alles vorbestimmt ist. Das ist doch ungerecht, dass vorbestimmt worden ist, dass ich krank werde!"

Ich lehne mich zurück und denke laut: „Es könnte auch sein, dass sich zwar alles exakt so wiederholt, wie es war, aber bei jeder Wiederholung die Rollen vertauscht werden. Darin könnte die Gerechtigkeit liegen. Dann müsste jeder auch einmal die Rollen der anderen erleben. Wenn du einem Menschen oder einem Tier ein Leid zufügst, dann hättest du es beim nächsten Durchgang der Zeit dir selber zugefügt!"

Er zweifelt: „Wenn die Rollen vertauscht würden, dann bedeutete das aber auch, dass ich einmal ein Massenmörder sein müsste, der auf den elektrischen Stuhl geschickt wird. Dabei würde ich nie jemanden umbringen. Das wäre ja dann auch keine Gerechtigkeit!"

„Da hast du recht. Es könnte aber auch sein, dass bei jeder Wiederholung der Zeit die Geschichte einen andern Verlauf nimmt. Wenn sich das in alle Ewigkeit wiederholt, würden alle erdenklichen Varianten der Geschichte irgendwann Realität. Vielleicht bist du in einem anderen Universum gar nicht krank, sondern Professor für Kosmologie!"

„Heisst das, dass ich im falschen Universum bin?"

„Quatsch! Du musst die Dinge auch anders sehen: Glücklich kann nur werden, wer sich mit denjenigen vergleicht, welchen es noch schlechter geht; das hat ein Dichter einmal gesagt. Du könntest keine Beine haben und im Rollstuhl sitzen. Oder du könntest blind sein und am weissen Stock gehen. Oder – was noch viel schlimmer wäre – du könntest taub sein!"
„Warum wäre es noch viel schlimmer?"
„Weil das Gespräch mit einem anderen Menschen tief in die Seele geht. Viel tiefer, als es das blosse Anschauen einer Person vermag. Stell dir vor, wie einsam du wärst, wenn du mit niemandem reden könntest! Zudem könntest du, wenn du taub bist, auch keine Musik hören. Die Musik wirkt ebenfalls tief in die Seele. Musik moduliert die Gefühle: Wenn du ein Musikstück hörst, welches du von früher kennst, dann weckt es exakt die Gefühle, die du damals hattest."

Matthias stochert in Gedanken versunken mit dem Löffel in seiner leeren Kaffeetasse. Ich sehe, dass ihm durch den Kopf geht, was wir eben besprochen haben. Wir bestellen noch einen Kaffee, denn es ist kalt draussen.

Beim Verlassen des Cafés sagt Matthias zu einer Frau: „Ich wünsche Ihnen einen schönen Tag!" Die Frau schaut ihn fragend an und gibt keine Antwort. Ich ermahne ihn, dass wir hier in einer Grossstadt sind und nicht in einem Dorf. Die Leute empfinden so etwas als Anbiederung und wollen das nicht. Matthias kann das nicht verstehen: „Ich darf doch jemandem einen schönen Tag wünschen!"

Ich wechsle das Thema: „Gefällt es dir eigentlich in der Werkstätte ‚Regenbogen' immer noch, seit du zu 100 % dort arbeitest?"
„Ja, ich gehe gerne hin. Allerdings ist die Woche recht lang mit fünf vollen Arbeitstagen!"
„Das ist normal", entgegne ich. „Jeder gesunde junge Mensch arbeitet fünf Tage in der Woche. Auch wir mussten das früher, und sogar viele Jahre lang."

Ich frage weiter: „Und wie gefällt es dir in deiner Wohnung an der Gundeldingerstrasse? Du bist ja jetzt schon manches Jahr dort."

„Ja es gefällt mir gut, ich gehe nie dort weg."

„Du hast vieles Frau Rathgeb zu verdanken. Wenn sie nicht gewesen wäre, wer weiss, wo du heute wärst!" Wir spazieren am Main-Ufer mit Blick auf die Wolkenkratzer. Matthias fragt: „Darf ich das nächste Mal Eugen mitnehmen, wenn wir nach Frankfurt fahren?"

„Wer ist Eugen?"

„Eugen ist mein Freund von der Werkstätte ‚Regenbogen'."

„Warum willst du ihn nach Frankfurt mitnehmen?"

„Weil er das Bleistift-Hochhaus noch nie gesehen hat!"

## 17. Matthias heute

Im Jahr 2014 wird Matthias 42 Jahre alt. Er wohnt nun seit elf Jahren in Basel in seiner Einzimmer-Mietwohnung. Jeden Morgen fährt er mit dem Bus an seinen Arbeitsplatz. Er arbeitet noch immer in der Werkstätte „Regenbogen" der psychiatrischen Universitätsklinik in Basel. Am Wochenende wohnt er bei uns in Reinach BL; wir sind und bleiben eine 3-Personen-Familie. Das wird sich kaum jemals ändern.

Soeben erhalten wir einen Brief von der Werkstätte „Regenbogen". Man teilt Matthias mit, dass er nun zehn Jahre hier arbeite und er erhalte somit eine zusätzliche Ferienwoche pro Jahr. Jetzt hat er fünf Wochen Ferien pro Jahr!

Einmal in der Woche macht Matthias einen Fressabend bei sich daheim. Da schiebt er eine Pizza in den Ofen, und dazu noch Pommes Chips und zum Dessert Zucker-Gummibärchen, eine ganze Tüte. Noch eine Cola, wieder mit Zucker. Alles was geht. Das Resultat ist unverkennbar: Matthias hat eine Trommel wie eine hochschwangere Frau. Sein Körpergewicht hat die 80 kg-Grenze überschritten. Aber er fühlt sich pudelwohl dabei. So lassen wir ihn gewähren, nicht aber ohne Warnfinger: „Werde mir nur nicht zuckerkrank!"

„Ich esse gar nicht so viel Zucker!"

„Zuckerkrank wird man nicht vom Zucker, sondern vom Fett, vor allem von dem Fett, das in der Hitze gebrutzelt hat! Das kann die Bauchspeicheldrüse kaputt machen und davon wirst du zuckerkrank!", ermahne ich ihn.

Matthias zeigt sich beeindruckt, ja beängstigt und fragt beim nächsten Besuch beim Hausarzt Doktor Edelmann, ob er ihm den Zuckerspiegel messen könne. Gottseidank negativ! „Da kann ich ja wieder Pommes Chips mampfen!"

Doktor Edelmann aber mahnt Matthias, er müsse wenigstens zwei Kilogramm abnehmen. Aber Matthias schlägt jede Warnung in den Wind. Er nimmt eher noch zu. Wir geben es auf, es ist seine Gesundheit. Einzig, wenn Matthias mit uns in die Ferien kommt, nimmt er an Gewicht ab, weil er nur isst, was wir ihm auftischen.

Auf unserer Ferienreise 2013 nach Norwegen mit Zug, Schiff und Mietauto hat Matthias in zwei Wochen sichtbar an Gewicht verloren. Aber kaum daheim, legt er wieder zu. Es ist nichts zu machen.

Ruth ist nun auch seit Februar 2013 pensioniert und bezieht eine AHV-Rente. Sie vermisst ihre Arbeit und ihre Kolleginnen der Coop-Inventargruppe noch immer. Doch der Kontakt ist nicht abgebrochen. Wenn sich diese Frauen hin und wieder am Abend zu einem gemeinsamen Abendessen treffen, ist Ruth stets mit dabei. Sie hat auch viele Freundinnen und geht oft mit der einen oder der anderen aus. Sie fahren auch mit dem Zug durch die halbe Schweiz. Ruth geniesst die gewonnene Freizeit.

Ich selber bin nun seit neun Jahren pensioniert – man kann es kaum glauben, wie die Zeit vergeht. Mein Hobby Film pflege ich weiter, sogar noch intensiver. Jetzt bin ich vollständig auf Video umgestiegen. Ich schneide, montiere und vertone meine Filme am Computer. Mein Kundenkreis an Altersheimen ist schon auf Basel, Baselland und Solothurn ausgeweitet. Den Preis für eine Vorführung konnte ich dank Video deutlich reduzieren, was es auch kleinen Heimen möglich macht, eine Vorführung anzufordern. Soeben plane ich öffentliche Vorführungen meiner Reisefilme mit live-Kommentar im Restaurant Löwenzorn in Basel.

Die Psychologin, Frau Rathgeb, ist per Ende 2013 in Pension gegangen. Sie hat Matthias zu weiteren Besprechungs-Therapien an Frau Doktor Schneider von einer Privatklinik in Arlesheim vermittelt.

Matthias bekommt ohnehin seit längerer Zeit die Medikamente Leponex & Co von dieser Ärztin verschrieben.
Ich habe Frau Dr. Schneider in einem Brief angefragt, ob sie bereit wäre und es auch notwendig fände, die Besprechungs-Therapien mit Matthias zu übernehmen. Die Antwort kommt umgehend: Frau Dr. Schneider möchte nicht nur die Besprechungstherapien mit Matthias fortsetzen, sondern zusätzlich ein Kreativ-Förderprogramm mit ihm machen!

Ruth und ich werden zusammen mit Matthias zu einem Familiengespräch bei Frau Doktor Schneider eingeladen, auf Donnerstag den 19. Dezember 2013 um 17.30 Uhr in ihrem Büro in der Privatklinik in Arlesheim. Voller Erwartung gehen wir hin, denn wir halten viel von dieser Ärztin.
Frau Dr. Schneider empfängt uns in ihrem Büro, draussen ist es schon finstere Nacht. Es freut uns besonders, dass diese Besprechung noch vor Weihnachten stattfinden kann.
Die Ärztin bestätigt uns, dass sie die Besprechungs-Therapien mit Matthias weiterführen will, weil auf Ende 2013 seine bisherige psychologische Betreuung durch Frau Rathgeb geendet hat. Dazu wolle sie Matthias einmal im Monat hier treffen.
Darüber hinaus soll Matthias die Besprechungen mit Frau Finkenbein zweimal im Monat weiterführen. Diese Besprechungen hatte er nun schon viele Jahre. Da aber Frau Finkenbein ebenfalls demnächst pensioniert werde, empfiehlt die Ärztin einen Herrn Winter, der anstelle von Frau Finkenbein deren Besprechungs-Therapie fortsetzen soll.

Neu dazu kommt eine Kreativ-Therapie hier im Haus; Matthias soll sich im Malen und Töpfern üben können. Das würde jeweils am Donnerstag stattfinden. Frau Dr. Schneider werde sich mit der Werkstätte „Regenbogen" in Verbindung setzen, um die Termine festzulegen. Auch soll Matthias wieder damit beginnen, Geschichten zu schreiben, es ist in Vergessenheit geraten.

Auch die sportliche Tätigkeit von Matthias sei sehr wichtig. Er soll weiterhin einmal wöchentlich ins Hallenbad zum Schwimmen gehen, wo zwei Frauen eine Behindertengruppe betreuen. Matthias beugt sich zu mir und flüstert leise: „Hallenbad-Psychologinnen!"

Auch die bisherigen betreuten Wanderungen jeweils am Samstag-Nachmittag dürfen nicht aufhören. Abzuklären sei noch, ob eine Unfallversicherung bestehe.

Für die Wochenenden und Ferien erklären wir uns bereit, weiterhin mit Matthias zu reisen. Wir sind ein starkes Team. Wenn wir zusammen unterwegs sind, fühlt sich Matthias stets wohl. Wir merken dies daran, dass er seinem Humor freien Lauf lässt. Er sorgt immer wieder für Lachsalven.

Seinen Wohnort in der Einzimmerwohnung in Basel soll er ebenfalls beibehalten. Frau Dr. Schneider regt aber an, ob man Matthias nicht dazu bringen könne, dort in der Waschküche selber seine Wäsche zu waschen. Ruth winkt ab: „Das geht bei mir nebenbei."

Die Medikamentierung wird ebenfalls beibehalten: täglich 200 Milligramm Leponex, ergänzt mit Zoloft.
Ich frage die Ärztin: „Frau Doktor, was würde passieren, wenn Matthias die Medikamente absetzen würde? Nicht dass wir das vorhätten, ich meine rein informativ." Frau Doktor Schneider erläutert: „Ich kann nicht in die Zukunft sehen. Aber es besteht die Gefahr eines Rückfalls zum Stimmen hören und zu Suizidversuchen. Natürlich versuchen wir die Dosis von Leponex weiterhin zu reduzieren, aber das muss in kleinen Schritten geschehen. Nach einer auch nur geringfügigen Reduktion der Dosis muss man lange Zeit beobachten, wie es sich entwickelt. Wenn es sich als gut erweist, kann man eine weitere Reduktion der Dosis vornehmen. Aber er wird nie mehr ganz ohne Medikamente auskommen. Er braucht sie solange er lebt."

*„Hurra, ich bin wieder gesund!"*

Abschliessend kann gesagt werden, dass Matthias nun im Jahr 2014, zwanzig Jahre nach Beginn der Krankheit, schon seit zehn Jahren recht gut rehabilitiert ist. Das Doggeli ist längst verschwunden, ebenso seine Angst vor dem Leben, und auch Suizidversuche hat es keine mehr gegeben. Diese aktuellen Zwangsstörungen werden wahrscheinlich als Restbehinderung bleiben. Allerdings ist er wieder ein Stotterer geworden.

## 18. Matthias' Tiergeschichten

Matthias hatte im Jahr 2007 von der Psychologin Frau Rathgeb den Auftrag erhalten, Geschichten zu schreiben und dazu Zeichnungen zu erstellen. Frau Rathgeb hatte nämlich bemerkt, dass Matthias fantasievolle Zeichnungen machen konnte und zu jeder Zeichnung eine lustige Geschichte zu erzählen wusste. So entschied sich Matthias für Tiergeschichten. An dieser Stelle sind ein paar seiner Tiergeschichten mitsamt seiner Zeichnungen wiedergegeben.

*Matthias ahmt die Freiheitsstatue von New York nach!*

Ich habe bei den Geschichten von Matthias darauf geachtet, dass ich den Text möglichst unangetastet lasse, um die Originalität seiner Aussagen nicht zu beeinträchtigen.

## 18.1. Die Geschichte von der kurligen (seltsamen) Katze.

Es war einmal eine kurlige Katze, die kam von nirgendwo und ging nach nirgendwo. Mit anderen Worten, sie hatte keinen festen Standort: heute hier, morgen dort.

Eines Tages wollte sie in den Zoo, vielleicht war sie dort gut aufgehoben. Aber was heisst schon gut aufgehoben, der Zoowächter schimpfte sie andauernd an, sie solle verschwinden, sonst gebe es Saures. So merkte die Katze, dass der Zoo kein Tierparadies war.

So ging sie in den Zirkus, da waren die Leute netter, denn der Zirkuswächter stellte der Katze ein Schälchen Milch hin. Nachher bekam sie Hunger und miaute wie verrückt. Der Zirkuswächter kannte die Tiere gut und konnte aus dem Miauen heraushören, dass sie Hunger hatte. Da bekam die Katze ein grosses Stück Braten, das vom Mittagessen noch übrig war. Die Katze verzehrte diesen köstlichen Braten und dachte, sie müsse nun keine Mäuse mehr fangen.

Sie machte ein Mittagsschläfchen. Dabei träumte sie von einem Hund, der sie mit fletschenden Zähnen verfolgte. Die Katze schoss aus dem Schlaf hoch, es war nur ein böser Traum.

Sie machte sich auf den Weg, denn sie wollte jetzt spazieren gehen bevor es Nacht wird. Bis es fast dunkel war, ging sie durch einen grossen Wald. Die Sonne verschwand endgültig hinter dem Horizont. Es wurde dunkel und kein Mond schien, denn er wurde von düsteren Wolken verdeckt. Die Katze lief und lief, sie stolperte immer wieder über Gehölz. Sie lief immer schneller, blieb an Geäst hängen und prallte gegen einen Baum. Plötzlich war der Wald zu Ende, sie stand auf einer Lichtung. Ein Feldweg lag vor ihr, sie konnte das klar sehen, denn der Mond schien wieder ganz hell. Sie folgte diesem Feldweg,

bis sie einen Bauernhof erblickte, der im Dunkeln lag. Sie legte sich unter einen Baum und schlief dort ein.

Als sie am andern Tag aufwachte, sah sie einen Mann beim Scheunentor hantieren. Jetzt merkte die Katze, dass sie diesen Bauernhof kannte, denn es kam gerade Max mit einer Milchkanne um die Ecke. Denn bevor sie in dieses Nirgendwo geraten war, hatte sie auf diesem Bauernhof gelebt. Jetzt sah Max seine Katze und umarmte sie voller Stolz: „Da bist du ja du kleines Bummerchen, hast ganz schön zugenommen!" Er streichelte ihren Kopf. Die Katze wusste, dass sie nun endlich wieder zu Hause war. Und wenn sie nicht gestorben sind, dann füttert Max seine Katze noch heute.

## 18.2. Die Herberge zum Faltenglück

Es war einmal ein Goldhamster, der „Goldi" genannt wurde. Er suchte unbedingt eine Hamsterfrau, die ihm die Wäsche bügelt, die Einkäufe macht, Einzahlungen erledigt und fürs Essen sorgt. Er suchte die ganze Stadt nach einer Frau ab, die alles für ihn erledigt. Da fand er nach langem Suchen eine Hamsterin, die einverstanden war, mit ihm zu gehen. Von Beruf war sie Krankenschwester in einem Hamster-Altersheim, welches „Herberge zum Faltenglück" genannt wurde. Dort musste sie alte Hamster pflegen, dass Essen eingeben, Fieber messen und Spritzen machen. Einige der alten Hamster waren sogar im Rollstuhl und konnten nichts mehr alleine machen, nicht einmal mehr auf die Toilette gehen.

Der Hamster Goldi wollte zu Hause nicht alle Arbeiten alleine machen, so gab die Hamsterfrau den Krankenschwesterberuf auf und widmete sich dem Alltag im eigenen Haus. Ihr Mann aber wusste nichts Besseres als jeden Abend stockvoll und mit einer Alkoholfahne nach Hause zu kommen. Goldi war tatsächlich zu nichts zu gebrauchen. Wenn er spät am Abend nach Hause kam, ging er einfach ins Bett ohne Gute Nacht zu sagen. Die Hamsterfrau sass am Abend meist in der Stube und las bei Kerzenschein das Buch: „Ach diese Hamstermänner!"

Eines Tages kam Goldi nach Hause und sagte zu seiner Frau: „Wir könnten irgendwo etwas essen gehen, zum Beispiel in eine Pizzeria!"

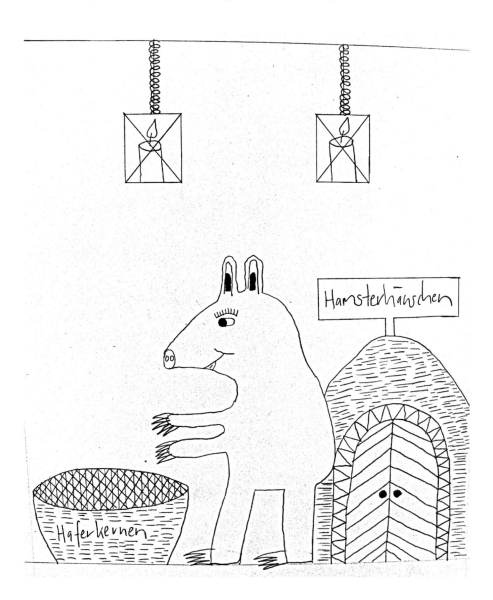

So waren sie beisammen und konnten bei einem Glas Wein so manches bereden.

Wieder daheim träumte er von einer schönen Hamsterfrau, aber er musste den Traum vergessen, denn er hatte ja schon eine Frau, die alles für ihn machte.

Dann kam der Tag, an dem die Hamsterfrau wieder in der Herberge zum Faltenglück zu arbeiten begann. Sie verliess ihn. Goldi wurde traurig und trauriger. Er schämte sich seiner Träne und sagte sich: „Aufhören mit dem Geheule, denn ich bin selber der Mann im Haus!" So musste er die ganze Arbeit im Haus wieder selber machen, und er merkte, dass dies eigentlich ohne Probleme geht. Dann fing er an zu lachen, und er lachte noch als bereits der Mond in sein Zimmer schien und er schlafen ging.

### 18.3. Die Schnecke Trudi

Die Schnecke Trudi war vor einem Monat einkaufen gegangen und hatte jetzt nichts mehr zu essen im Haus. Sie musste wieder diesen langen Weg von Pontius bis Pilatus über Stock und Stein, durch Wälder und Felder, durch Auen und über Lichtungen kriechen, bis sie dann im Supermarkt Essen kaufen kann. Trudi musste sich beeilen, denn sie brauchte einen ganzen Tag, und es könnte Nacht werden bis sie dort ankam.

Das Geld für den Einkauf holte sie auf der Schneckenbank, dort sass eine Schnecke am Schalter und zählte langsam das Geld heraus. Nach der Bank ging Trudi nochmals nach Hause und legte das Geld auf das Nachttischchen.

Sie machte sich anderntags auf den Weg mit dem Einkaufskörbchen und einem langen, langen Einkaufszettel, so dass sie nichts vergass. Der Weg wollte nicht enden. Sie kam in einen Wald, vorbei an einem grossen Pilz, an blauen Blumen und an einem grossen schwarzen Stein.

In der Ferne sah sie schon den Supermarkt, der direkt neben einer Autobahn lag. Im Supermarkt angekommen, kaufte sie alles auf ihrem langen Zettel ein. An der Kasse angekommen, merkte sie plötzlich, dass sie auf dem Nachttischchen zu Hause das ganze Geld vergessen hatte. So musste sie ihre Einkäufe im Supermarkt zurücklassen und

den langen Rückweg zurücklegen. Sie kam wieder zu dem schwarzen Stein, zu den blauen Blumen und zum grossen Pilz. Aber sie dachte nur an ihre Einkäufe, die sie zurücklassen musste: Blumenkohl, Rüben, Rosenkohl, Rotkraut, Spargeln und Bohnen. Am meisten Leid taten ihr diese herzigen Radieschen, die sie im Körbchen hatte. Sie war zu müde, am andern Tag die ganze Reise nochmals zu machen, so begnügte sie sich mit dem Kartoffelfeld des benachbarten Bauern.

### 18.4. Der Igel Igu

Es war einmal ein Igel, der Igu hiess. Er wohnte in einem alten Igelhaus am Rande eines grossen Waldes. Alle Tage schien die Sonne so richtig herrlich in sein Igelhaus. Das Haus bestand aus Laub und Gehölze, die er im Wald gefunden hatte.

Er ging oft fort von zu Hause, ausser wenn es regnete. Dann blieb er im Haus und schaute ein wenig im Fernsehen, was es wieder für lustige Igelfilme gab. Da gab es so richtige Cabarett-Filme, die von Igeln inszeniert wurden. Als einmal gerade nichts Richtiges lief, schaltete er den Fernseher ab und machte ein kleines Mittagsschläfchen.

Danach machte er sich auf die Socken, denn er hatte mit einem andern Igel eine Verabredung in der grossen Stadt zu einer Tasse Kaffee oder Tee, je nachdem mit vielleicht noch etwas dazu, zum Beispiel eine Erdbeertorte mit Schlagsahne. Oder ein Schoki-S. Aber sie entschieden sich für eine Studentenschnitte, welche die Intelligenz anregt und sie weiser machte.

Als sie den Kaffee und den Tee getrunken hatten, gingen sie in der grossen Stadt spazieren. Doch die Stadt war viel zu gross und es machte wenig Sinn, einfach nur zu laufen, denn man kam auch sehr langsam vorwärts wegen dem Verkehr auf der Strasse. Auf einer Kreuzung war ein Igelpolizist, der den Igelverkehr regelte. Er machte es übrigens ganz gut, wie er mit seinen Igelpfoten „Halt" zeigte.

Unsere beiden Igel nahmen einen Bus. Sie gingen in ein Igelkino, es hiess „Das lustige Igelkino". Der Film hiess „Die Igelkinder und ihre lustige Mutter". Es war ein sehr trauriger Film und zudem viel zu harmlos, unsere Freunde weinten bittere Igeltränen. Dabei liefen vor allem den Igelfrauen die Tränen herunter und bildeten vor dem Kino einen kleinen Tränensee.

Da es schon sieben Uhr am Abend war, machten sich unsere Igel auf den Heimweg, denn nachts im Wald lauerten immer Gefahren.
Prompt fehlten im Kühlschrank von Igu zwei Eier. Das war bestimmt der freche Dachs! Ein Nasenbär konnte es nicht gewesen sein, denn diese gab es nur in Nordamerika. Igu rief sofort die Igelpolizei an und meldete den Diebstahl.
Die Polizei stellte fest, dass die Eier vom Wildschwein gestohlen worden waren. Wenn sie sich beeilten, konnten sie das Wildschwein noch dingfest machen. Aber das Wildschwein stellte sich selber der Polizei. Es sagte, sie hätten nichts mehr zu fressen gehabt und die Frischlinge seien sehr hungrig gewesen. Das Wildschwein sollte nur drei Tage Gefängnis bekommen, weil es sich selbst gestellt hatte, sonst wären es drei Jahre gewesen. Doch der Igel Igu zog die Klage zurück und schenkte der Wildschweinfamilie die restlichen Eier. Seither wurde im Wald nie mehr etwas gestohlen. So kam es, dass der Igel Igu und die Wildschweinfamilie dicke Freunde wurden und es kehrte Frieden ein im Wald und Harmonie.

## 18.5. Die Ente Tuh Tuh

Die Ente Tuh Tuh war eine weise Ente, die fast alles konnte. Sie konnte sogar ausrechnen, ob ihr das Geld bis Ende Monat ausreicht. Auf der Bank holte sie Geld ab für Ferien und sonstige Kostbarkeiten, die man im Leben braucht. Darunter fielen auch Besuche in Freizeitparks, denn Nervenkitzel brauchen Enten manchmal auch. In die Ferien ging es dieses Jahr nach Südfrankreich. Dort am Mittelmeer gab es einen sogenannten Ententreff, wo sich Enten aus aller Welt trafen zu einem Stelldichein. Da kamen Enten aus Russland, China, Kanada und den USA. Aber auch aus Italien, Deutschland, Frankreich, Spanien, Grossbritannien und aus dem fernen Australien. Es war sogar eine Ente dabei, die aus Japan kam; sie war weiss und hatte einen grossen roten Farbtupf auf der Brust, denn sie zeigte Flagge.

Die Enten trafen sich zu einem Entenschwatz. Dabei gab es kein Verständigungsproblem, denn die Enten schnatterten alle in der gleichen Sprache. Schnattern ist eine Weltsprache!

So erzählte die Ente aus Russland, sie komme vom Baikalsee. Sie hätte einen langen Weg gehabt, denn sie flog über Sibirien, über Polen, Deutschland und Frankreich. Da sagte die Ente aus Japan, sie habe sogar noch ein Stückchen weiter gehabt, sie habe sogar China überflogen und das ganze Russland. Da sagte die Ente aus Australien, sie habe eigentlich am weitesten gehabt, denn sie flog über Singapur nach Burma, Indien, Iran, Irak, über die Türkei und von dort der Mittelmeerküste entlang.

Die Enten blieben den ganzen Sommer in Südfrankreich und schnatterten sich die Köpfe voll, wer wohl von noch weiter her gekommen sei. Sie blieben in Frankreich, bis es kälter wurde, dann gingen sie wieder in ihre unterschiedlichen Länder zurück, wo sie hergekommen waren.

Nur die Ente aus Australien blieb in Südfrankreich, ihr war der Weg nach Hause einfach zu weit. Sie meinte, sie habe gerne ein wenig kalt, wenn sie dafür nicht derart weit reisen müsse. Zudem habe sie in Australien immer sehr heiss. Und so kam es, dass die australische Ente alleine den Winter in Südfrankreich verbrachte. Sie stand in der kalten Brandung und träumte von ihren Freunden, die im nächsten Sommer wieder kommen.

## 18.6. Das Hausschwein Grunzi

Es war einmal ein Hausschwein, das nannten die Bauern Grunzi, weil wenn das Schwein fröhlich war, grunzte es immer vor sich hin. Eines Tages wollte es nicht mehr bei den andern Schweinen sein, weil es ein wenig zu eng war mit den andern Schweinen. Es waren so viele, dass sie einander überstiegen, so eng war es. Eines Tages, als der Mond am Himmel leuchtete, wollte das Schwein Grunzi aus dem Stall flüchten.

Es schmiedete mit den andern Schweinen einen Plan. Ein Schwein hielt Wache, damit kein Bauer dieses Geschehen mitkriegt. Denn jetzt war der grosse Tag. Zum Glück konnten die Schweine die Hundesprache, so sagten sie zum Hund, er solle den Schlüssel holen, damit sie das Gatter öffnen konnten. Da sagten die andern Schweine, dass sie eigentlich auch fliehen wollten, denn diese Enge hier sei Freiheitsberaubung.

Da holte der Hund den Schlüssel, denn er wusste dass dieser in der obersten Schublade zwischen den Socken lag. Das Gatter ging auf, und alle Schweine wollten gleichzeitig ausbrechen. Das ging natürlich nicht. Erst als eines nach dem andern durchs Tor ging, wie beim Zoll, klappte es. Sie mussten langsam und leise sein, um den Bauern nicht zu wecken. So kamen die Schweine alle frei und mussten einander nicht mehr übersteigen.

Als die Bauern am andern Tag das Futter bringen wollten, mussten sie mit Schrecken feststellen, dass alle Schweine geflüchtet waren und das Tor stand weit offen. Es wusste in diesem Hof nur einer wo der Schlüssel war, und das war Bello der Hund. Sie wollten mit Bello schimpfen.

„Dieser Lausebengel ist abgehauen!", sagte ein Bauer wutentbrannt. Der Schlüssel steckte noch im Schloss, von den Schweinen fanden sie aber keine Spur. „Die sind bestimmt schon über alle sieben Hügel", sagte der Bauer. Wo die wohl stecken mögen?

Wenn der Bauer das gewusst hätte, dass sich die Schweine schon längst in einem Schiff in Richtung Amerika eingeschleust haben! Sie wollten ins Land der begrenzten Unmöglichkeiten. Das war aber ein langer Weg. Mit dem Schiff quer über den Atlantik!

Doch in Amerika angekommen, sprangen alle Schweine von Bord und flüchteten in die Stadt New York. Die Leute standen verblüfft da und wunderten sich, woher alle diese Schweine wohl kommen mögen. Die Schweine rannten den Broadway hinunter, alle rannten dem vordersten Schwein nach. Sie rannten durch die ganze Stadt, bis sie schliesslich aufs Land kamen. Dort trafen sie auf einen Bauernhof und liessen sich im Stall nieder. Dieser Bauer war sehr nett, er empfing die Schweine sehr freundlich. Da stellte er fest, dass diese Schweine aus Frankreich kommen, von einem gewissen Bauern Monsieur Dupont. Jetzt war ihm alles klar, denn er kannte diesen Bauern Dupont. Er telefonierte diesem Dupont nach Frankreich und sagte, dass seine Schweine jetzt bei ihm in Amerika auf einer kleinen Farm sind, in der Nähe der Stadt New York.

Doch der Bauer in Amerika war viel netter zu den Schweinen und baute ihnen ein viel grösseres Gehege, als sie es in Frankreich hatten. So waren sie alle froh und glücklich bis ans Ende ihrer Tage.

## 19. Ausblick

Man hört, dass die OECD (Organisation für wirtschaftliche Zusammenarbeit und Entwicklung) diverse Empfehlungen an die Schweiz formuliert hat. Danach soll bis 2017 durch die sechste IV-Revision erreicht werden, dass psychisch kranke Menschen vermehrt zurück in den Arbeitsprozess geführt werden können. In der Schweiz werden jährlich 1,9 Milliarden Franken für psychisch bedingte Arbeitsausfälle ausgegeben. Damit ist das Gesundheitswesen der Schweiz zu wenig effizient im Vergleich mit andern OECD-Ländern. Geschützte Arbeitsplätze kosten viel Geld, doch gelingt den Wenigsten eine Rückkehr in den Arbeitsprozess. (Quelle: Artikel in der Basler Zeitung vom 5. Feb. 2014 Seite 2: „Einmal IV-Rente – immer IV-Rente" von Psychiater Niklas Baer. Die aktuelle Situation und die Empfehlungen der OECD können dort nachgelesen werden.)

Das Anliegen der OECD in Gottes Ohr. Es wäre auch unser Ziel, dass Matthias eines Tages wieder an einem Normalarbeitsplatz arbeiten könnte. Wie genau die Zukunft von Matthias aussieht, wird sich zeigen.

*Die Zukunft soll man nicht*
*voraussehen wollen,*
*sondern möglich machen.*

*Antoine de Saint-Exupéry, La Citadelle, 1948*

Das ist mein Wahlspruch.

## 20. Verzeichnis der Abbildungen

| | |
|---|---:|
| Weihnachten 1973 | 28 |
| Kinderzimmer | 31 |
| Kindergarten 1977 | 34 |
| Kampfsportschule | 38 |
| Konfirmation 1989 | 41 |
| Goldmedaille, Markus | 47 |
| Matthias' neuer Hut | 52 |
| Eingliederungs-Werkstätte | 57 |
| Ferien in USA | 64 |
| In der Theatergruppe | 71 |
| Mein Vater wird 81 | 74 |
| Santander, unterwegs | 81 |
| Als für Matthias die Sterne vom Himmel fielen | 84 |
| Matthias im Doggeli | 90 |
| Notiz-Zettel | 109 |
| Zeichnung Blumenwiese | 114 |
| Zeichnung Sarg | 115 |
| Ferienreise 1996, ehem. DDR | 133 |
| Mein Atelier | 150 |
| Matthias im Atelier | 150 |
| Fotoalbum: Ferienreise 1982 | 156 |
| Frankfurt 2009 | 166 |
| Matthias: „Ich bin wieder gesund!" | 175 |
| Matthias als Freiheitsstatue | 176 |
| Matthias' Zeichnungen | 178 bis 188 |